GRAMMATICA ITALIANA

A1 – B2

PER STRANIERI

FABIO BOERO

Sull'autore:

Mi chiamo Fabio Boero, sono un docente, formatore, blogger e imprenditore attivo da più di 10 anni nel mondo dell'italiano per stranieri e delle certificazioni della lingua italiana CILS e DITALS. Dopo la laurea magistrale all'Università di Genova ho perfezionato gli studi all'Università per stranieri di Siena con una certificazione in Didattica dell'italiano come lingua straniera e all'Università Dante Alighieri di Reggio Calabria con vari master di I e di II livello.

Sono membro EALTA (European Association for Language Testing and Assesment) e sono somministratore degli esami di certificazione CILS e DITALS per l'Università per stranieri di Siena nonché per gli esami CERT (Università di Roma tre). Al momento sono responsabile didattico presso i Centri italiani di cultura Fabrizio De André in Europa ma la mia esperienza in scuole di vario grado inizia dal 2010. Ho infatti partecipato alle attività didattiche in molte scuole e Università di vari Paesi come Stati uniti d'America, Canada, Ucraina, Russia, Georgia, Azerbaijan, Slovenia, Polonia e Lettonia. Ho grande esperienza nell'insegnamento dell'italiano e dell'italiano giuridico per diverse tipologie di studenti. Dalla mia esperienza didattica e dal contatto con gli studenti nasce questo manuale di grammatica che racchiude tutto il necessario per superare le certificazioni della lingua italiana A2, B1 standard e B2.

I corsi che ho delineato negli ultimi anni per i Centri italiani di cultura Fabrizio De André partono da qui.

Questo manuale è adatto sia al candidato che abbia maturato una capacità di comprensione sia alle persone a lui vicine che cercano un appoggio per aiutare concretamente al superamento degli esami intermedi o ai nuovi insegnanti della lingua italiana che cercano un supporto. In commercio trovi anche i manuali comprendenti non solo la grammatica italiana ma anche gli esami di certificazione, l'analisi delle singole prove e gli esempi di esame per gli esami A2 e B1 – B2.

Per tutti quelli che fanno fatica a seguire un libro scritto, trovi il video corso completo per superare gli esami B1 – B2 al prezzo speciale di soli euro 85 per 20 ore di corso con una piattaforma moderna dove avrai gli esercizi grammaticali e le prove di esame.

Se ti interessa scrivi una mail a **info@fda-sanremo.com** e indica il codice sconto: LibrofabioA1B2

Questo libro prepara solo grammaticalmente! Se ti interessano le prove pratiche degli esami ti consiglio la mia collana "Test ed esami della lingua italiana" dove troverai, oltre alla grammatica, anche le prove di esame per un auto-corso completo. Cerca i vari livelli (A2, B1-B2, B1 Qcer cittadinanza, C1 e C2 su Amazon).

Sommario

Premesse da conoscere prima di affrontare un esame di certificazione linguistica.

Cosa c'è da sapere prima di fare l'esame.

Ogni giorno ricevo moltissime domande da parte di nuovi candidati alla certificazione di italiano, specialmente per quelle certificazioni che si interpongono tra il soggetto e alcuni suoi passaggi burocratici nella vita in Italia come l'ottenimento del permesso di soggiorno di lungo periodo, la cittadinanza italiana o l'iscrizione in Università. Ho cercato di riassumere alcune delle domande più popolari qui:

Come è strutturata la certificazione linguistica?

Cosa dovrò fare all'esame?

Dove posso fare l'esame?

Vivo da dieci anni in Italia, non basta?

Devo pagare l'esame?

Ho già fatto un esame di italiano anni fa, non, va bene?

Ho un certificato di un corso che ho frequentato, posso inviare quello?

Cosa succede se non lo supero?

Avrò subito il risultato?

...

Iniziamo con il dire che le certificazioni linguistiche non sono nate così, di punto in bianco, né sono state create ad hoc in questi ultimi anni per *rubarci* i soldi. La loro storia possiamo dire essere ormai lunga e consolidata. Tra il 1989 e il 1996 infatti il consiglio d'Europa ha messo a punto il progetto QCER, Quadro comune europeo di riferimento per la conoscenza delle lingue. Il libero movimento dei lavoratori in Europa aveva bisogno di un supporto ufficiale che valesse di più del *"Ma certo che parlo l'inglese! Non si vede???"*

Essendo le lingue europee molto diverse e articolate, è stato necessario trovare il modo di dividerle tutte, nella stessa maniera, in livelli di competenza. Alla fine dei lavori sono stati individuati sei livelli:

1. A1, A2,

2. B1, B2,

3. C1 e C2

Le diversità esistenti tra le lingue europee ha fatto sì che fosse impossibile determinare giuridicamente quali temi grammaticali dovessero trovarsi in quale livello. Questo lavoro è stato fatto localmente dalle Università di ogni Paese e dalle tante case editrici che si sono trovate a interpretare la definizione generica data del livello. Perché di questo si tratta. Ogni livello è stato fornito di una descrizione adattabile a ogni lingua che prova a spiegare in quale modo, lo straniero, riesce a districarsi nella nuova lingua.

I livelli A, definiti *Base,* sono così descritti:

A1- livello base

Si comprendono e si usano espressioni di uso quotidiano e frasi basilari tese a soddisfare bisogni di tipo concreto. Si sa presentare se stessi e gli altri e si è in grado di fare domande e rispondere a particolari personali come dove si abita, le persone che si conoscono e le cose che si possiedono. Si interagisce in modo semplice, purché l'altra persona parli lentamente e chiaramente e sia disposta a collaborare.

A2 – Livello elementare

Il candidato comunica in attività semplici e di abitudine che richiedono un semplice scambio di informazioni su argomenti familiari e comuni. Sa descrivere in termini semplici aspetti della vita, dell'ambiente circostante, sa esprimere bisogni immediati.

I livelli B sono anche detti "Autonomia".

B1 – Livello intermedio o di soglia

Comprende i punti chiave di argomenti familiari che riguardano la scuola, il tempo libero ecc. Sa muoversi con disinvoltura in situazioni che possono verificarsi mentre viaggia nel Paese di cui parla la lingua. E' in grado di produrre un testo semplice relativo ad argomenti che siano familiari o di interesse personale. E' in grado di esprimere esperienze e avvenimenti, sogni, speranze e ambizioni e anche di spiegare brevemente le ragioni delle sue opinioni e dei suoi progetti.

B2 – Livello intermedio superiore.

Comprende le idee principali di testi complessi su argomenti sia concreti sia astratti, come pure le discussioni tecniche sul proprio campo di specializzazione. È in grado di interagire con una certa scioltezza e spontaneità che rendono possibile un'interazione naturale con i parlanti nativi senza sforzo per l'interlocutore. Sa produrre un testo chiaro e dettagliato su un'ampia gamma di argomenti e riesce a spiegare un punto di vista su un argomento fornendo i pro e i contro delle varie opzioni.

I livelli C anche detti "Padronanza

C1 - *Livello avanzato o "di efficienza autonoma"*
Comprende un'ampia gamma di testi complessi e lunghi e ne sa riconoscere il significato implicito. Si esprime con scioltezza e naturalezza. Usa la lingua in modo flessibile ed efficace per scopi sociali, professionali e accademici. Riesce a produrre testi chiari, ben costruiti, dettagliati su argomenti complessi, mostrando un controllo sicuro della struttura testuale, dei connettori e degli elementi di coesione.

C2 - *Livello di padronanza della lingua in situazioni complesse*
Comprende con facilità praticamente tutto ciò che sente e legge. Sa riassumere informazioni provenienti da diverse fonti sia parlate che scritte, ristrutturando gli argomenti in una presentazione coerente. Sa esprimersi spontaneamente, in modo molto scorrevole e preciso, individuando le sfumature di significato più sottili in situazioni complesse.

Molti stranieri messi davanti alla necessità di sostenere un esame di italiano nonostante vivano da decenni in Italia, si sentono confusi. Qual è il livello da fare? La scelta del livello è da relazionare al motivo per il quale vi candidate ad ottenerlo. Ci sono studenti, nel mondo, che decidono di ottenere un certificato universitario solamente per avere una prova della loro conoscenza e un diploma in più da inserire nel proprio cv. Queste persone non *devono* ottenere la certificazione ma *vogliono* ottenerla. Per loro non sarà così importante la lettera da avere, se C o B. Anzi sarà più logico attendere per avere un diploma di livello alto da poter ostentare o usare in ambito lavorativo. Chi invece si trova costretto a prendere una certificazione che, parliamoci chiaro, mai avrebbe pensato di prendere dovrebbe, secondo me, orientarsi solamente sul livello minimo richiesto in base al motivo dell'iscrizione. Vi serve prendere la carta di soggiorno a tempo indeterminato? Fate l'esame A2 anche se siete più bravi, non serve complicarsi la vita.

Guarda il video su questo tema!

Non funziona? Vai su

www.youtube.com/watch?v=iyerMQAUBr0&t=137s

I SOSTANTIVI

Quando parliamo usiamo le parole. Le parole hanno diversi ruoli e diverse funzioni affinché abbiano un senso nella nostra frase. Per capire bene i sostantivi dobbiamo visualizzare, nella nostra testa, un'immagine statica che non si muove. Vi faccio un esempio. Se vi dico le seguenti parole:

Tavolo	**forchetta**
Gatto	**penna**
Forchetta	**libro**

Cosa avete visualizzato nella vostra mente? Probabilmente l'immagine che ho messo alla vostra destra. Un'immagine statica e non in movimento. Questo è un sostantivo. Nella lingua italiana diciamo che i sostantivi si dividono in genere e numero.

Il genere è come il *sesso* del sostantivo e precisamente:

1. *maschile*

2. *Femminile*

Mentre il genere è relativo alla quantità ed è:

1. *Singolare*

2. *Plurale*

I sostantivi regolari hanno la possibilità di cambiare il proprio numero ma non il genere che, solitamente, resta invariato. Le modifiche a questa regola generale esistono ma ci troviamo davanti a delle eccezioni. Vediamo di capire con una tabella come riconoscere in modo semplice il genere dei nostri sostantivi. Teniamo presente che nella lingua italiana esistono due gruppi di sostantivi:

Primo gruppo

Maschile singolare	Maschile Plurale
- O	- i
Femminile singolare	Femminile plurale
- A	- E

Grazie a questa tabella sarete già in grado, da soli, di capire il genere (maschile o femminile) delle parole che ho scritto sopra.

Tavolo	Forchetta
Gatto	penna

Per trasformare una parola nel numero, da singolare a plurale, dobbiamo usare il metodo della sostituzione della lettera **o** – **a** con quella designata per il plurale.

12

Tavol**i**
Gatt**i**

Forchett**e**
penn**e**

ATTENZIONE! Quanto detto prima, cioè che il genere dei sostantivi (maschile o femminile) non cambia vale solo per i sostantivi non viventi. Quando un sostantivo si riferisce a un essere vivente (gatto) ovviamente avremo la possibilità di spostare il genere per identificare gatto, gatta, gatti e gatte.

Secondo gruppo di sostantivi:

Maschile – femminile singolare	Maschile – femminile Plurale
- e	- i

Il secondo gruppo dei sostantivi prevede una particolarità: solamente dall'ultima lettera non è possibile conoscere immediatamente il genere della parola in quanto la stessa lettera può applicarsi indistintamente sia al genere maschile sia a quello femminile e può essere compresa solo tramite un vocabolario o un articolo che vedremo dopo.

Alcuni esempi:

Paret**e**
Can**e**
chiav**e**

Paret**i**
can**i**
chiav**i**

Il plurale verrà fatto ancora una volta per sostituzione dell'ultima lettera, passando dalla lettera *e* alla lettera *i* .

SUGLI ACCCENTI:

Ogni parola ha, in sé, un accento. Se guardate con attenzione le vocali presenti nella tastiera del vostro telefonino o computer noterete che, oltre alle vocali *a e i o u*, troverete le vocali accentate *à è é ì ò ù*.

C'è una regola: l'accento di una parola cade solo su una vocale ma se questa vocale è l'ultima lettera della parola è obbligatorio scriverlo. Negli altri casi non lo troveremo scritto ma verrà sottointeso e chiamato accento tonico.

Pensiamo alla parola "tavolo". La parola ha ben 3 vocali e due possibilità di lettura visto che, come appena detto, non è possibile accentare l'ultima lettera in quanto se così fosse lo troveremmo scritto. Come è possibile sapere il giusto tono da dare alla parola? La lingua italiana non è tonale come, ad esempio, molte lingue asiatiche. Cambiare l'accento della parola raramente cambia il significato. Se dite la parola "tavolo" con l'accento sbagliato ma nel giusto contesto tutti vi capiranno. Un buon dizionario ci aiuterà a mettere l'accento tonico nel posto giusto.

Tà-vo-lo   ecco scritto l'accento che cade sulla prima "a".

Dei dubbi possono sorgere se guardiamo gli accenti per la vocale "e" in quanto sono ben due:

è – é

Questa distinzione è dovuta alla presenza di un accento grave (è) che ci dà una *e* aperta e un accento acuto (é) che ci dà una *e* chiusa.

Solitamente quando scrivete a mano durante gli esami è abbastanza fare un segno sopra la parola ma qualora scriviate al computer è interessante conoscere bene l'utilizzo degli accenti. Possiamo dire che si usa la e aperta accentata nelle parole:

- caffè
- cioè
- è (verbo essere

Useremo invece la e chiusa per parole come:

- perché
- poiché
- sé
- né
- trentatré
- Poté, batté (e altri verbi al passato remoto)

I SOSTANTIVI IRREGOLARI

Ogni lingua è in continua evoluzione. Passano i secoli e le lingue vengono stravolte da nuove correnti, parole ed espressioni straniere o dialetti che si ergono a lingua. Del resto la lingua serve per comunicare. Se tutti, o molti, usano certe espressioni per dire qualcosa, è normale che negli anni quello che prima era strano, errato e passibile di censura grammaticale, diventi la regola. Non dobbiamo perciò stupirci se, oltre alla regola, ci siano delle eccezioni, né dobbiamo trovare il *perché* di queste eccezioni. La risposta andrebbe cercata nei secoli dei secoli e ogni lingua, anche la vostra madrelingua, probabilmente sarebbe difficile da capire se cercherete di leggere un testo scritto secoli e secoli fa.

Il bravo studente di lingue capisce che, per ogni tema grammaticale, c'è una regola e ci sono alcune eccezioni. E' importante perciò ricordare la regola a mente e ricordare le principali eccezioni.

Anche i sostantivi, visti prima, non sono immuni da questo. Ora cerchiamo di vedere le principali situazioni di eccezioni cercando di trovare un modo di raggrupparle, daremo una regola alle eccezioni.

Quali possono essere le eccezioni principali dei sostantivi?

Certamente le eccezioni si riferiscono al genere (m,f) che differirà rispetto a quanto riportato prima nella tabella o al numero (s,p) differendo allo stesso modo. Esistono parole che cambiano totalmente al plurale, parole che non hanno un plurale eccetera.

1.

> **Parole che finiscono in -tà e -tù accentate**

> **Il sostantivo è sempre femminile e non cambia al plurale!**

Parole come: università, città, crudeltà, gioventù etc. avranno solamente una forma invariabile e saranno sempre femminile.

Come posso fare il plurale?

Dovrò cambiare l'articolo seguendo la tabella vista prima e avrò il plurale.

L'università – le università

La città – le città

2.	**Parole che finiscono in -*ema***

Il sostantivo in ema è maschile e ha il plurale in -*i*

E' uno degli errori più comuni che sento fare anche a studenti di livello ormai avanzato. Dire ad esempio *"una problema"* essendo ingannati dalla terminazione in -a

Il problema – i problemi

Il tema – i temi

il patema – i patemi

il sistema – i sistemi

ATTENZIONE! Cinema (deriva da cinematografo) è un'eccezione!

Il cinema – i cinema

3. Parole straniere che finiscono in consonante

Il sostantivo straniero è sempre maschile e non cambia il

Nei nostri tempi assorbiamo una serie molto grande, pure troppo, di influenze linguistiche proveniente da altre lingue. Queste nuove parole, una volta entrate nell'utilizzo comune, hanno però bisogno di un "passaporto" italiano: devono avere un genere (m,f) e un numero (s,p). Come possiamo attribuire un genere a queste parole che, magari, non terminano in A o O come la maggior parte dei nostri sostantivi?

Ebbene la regola generale dice che se le parole non sono italiane e finiscono in una consonante, saranno sempre maschili e non cambierà il loro plurale.

Il bar – i bar

Il film – i film

Il meeting – i meeting

Lo sport – gli sport

Le regola grammaticali da dover ricordare, e applicare, sono spesso più di una per la stessa parola. Nel caso di sport, studente, yogurt avremo sia la regola qui descritta ossia che le parole straniere che terminano in consonante hanno il plurale invariabile e il genere maschile ma, oltre a questo, lo studente dovrà applicare la regola degli articoli per i sostantivi che iniziano per S + consonante, P + consonante, X, Y, Z e GN. La parola "sport", nel nostro esempio, è straniera e quindi maschile ma inizia per "S + P" perciò l'articolo da usare sarà Uno – Degli, Lo – Gli.

ATTENZIONE! Ci sono già molte eccezioni a questa regola! Parole come: chat, mail, email, playlist, nonostante soddisfino tutte le caratteristiche descritte, sono femminili.

La chat – le chat

La playlist – le playlist

La mail – le mail

Ovviamente esistono anche parole di origine straniera che terminano in vocale. In questo caso, useremo le regole classiche viste prima.

Una vodk**a** – delle vodk**e**

4. Parole che terminano in *-ista e -ante*

I sostantivi in -Ista possono essere sia maschili sia femminili e hanno il plurale in -i

Le parole che terminano in -ista e -ante hanno la caratteristica di poter essere attribuiti sia al genere maschile sia a quello femminile. Come è possibile capire di chi si sta parlando? Se stiamo scrivendo un testo dobbiamo usare l'articolo giusto, maschile o femminile. Nel caso di articoli indeterminativi con parole che iniziano per vocale (a, e, i, o, u) la differenza che definirà il genere, impercettibile nella lingua parlata, sarà solo la presenza dell'apostrofo (') nella parola femminile.

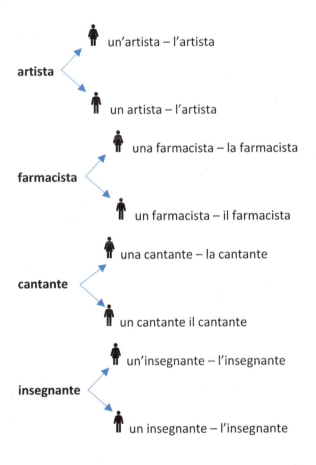

artista
un'artista – l'artista
un artista – l'artista

farmacista
una farmacista – la farmacista
un farmacista – il farmacista

cantante
una cantante – la cantante
un cantante il cantante

insegnante
un'insegnante – l'insegnante
un insegnante – l'insegnante

| 5. | Parole che terminano in *-io* | I sostantivi in che terminano in -io hanno il plurale con una sola lettera *-i* |

Quando uno studente studia ha molti dubbi. Molto spesso, facendo gli esercizi, viene da pensare che se una parola maschile ha già una lettera "i" come penultima, facendo il plurale sarebbe da raddoppiarla. Non è così nelle parole che terminano in -io

Il tabacca**io** – i tabacca**i**

Il giornala**io**- i giornala**i**

| 6. | Parole che terminano in *-cia - gia* | Se nella parola che termina – cia -gia la penultima vocale è una consonante perde la -i, se è una vocale la mantiene |

Questa regola sul plurale delle parole che terminano in -cia e -gia rappresenta uno dei dubbi amletici più presente tra gli italiani madrelingua. *"Devo dire camicie o camice?"* Ebbene la soluzione a questa domanda sta tutta nell'analisi della parola. Abbiamo un sostantivo che termina in *-cia* o *-gia* come tanti; arancia, camicia, ciliegia ecc.

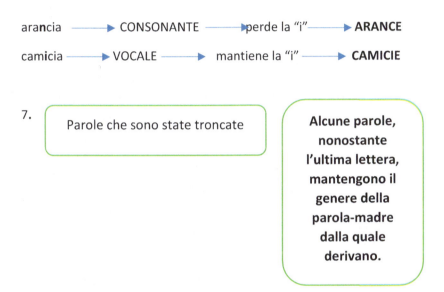

arancia ——▶ CONSONANTE ——▶perde la "i"——▶ **ARANCE**

camicia ——▶ VOCALE ——▶ mantiene la "i" ——▶ **CAMICIE**

7.

Parole che sono state troncate

Alcune parole, nonostante l'ultima lettera, mantengono il genere della parola-madre dalla quale derivano.

Molte parole sono state tagliate nel loro utilizzo comune. Soprattutto le parole di una certa lunghezza possono essere passibili di tagli. Spesso il tenere viene mantenuto anche dalla parola più breve anche se l'ultima lettera rimasta può portarci in errore.

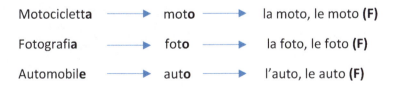

Motocicletta ——▶ moto ——▶ la moto, le moto **(F)**

Fotografia ——▶ foto ——▶ la foto, le foto **(F)**

Automobile ——▶ auto ——▶ l'auto, le auto **(F)**

8.

uomo

Il plurale è irregolare:

uomini

9.

Uovo

La parola "uovo" al plurale diventa famminile.

Uova

In alcuni rari casi il genere della parola cambia. E' il caso di "uovo" che è maschile al singolare e diventa femminile al plurale.

Un uovo – delle uova

L'uovo – le uova

10.

Parti del corpo

Le parti del corpo hanno molte irregolarità tra il singolare e il plurale

Tra le parti del corpo è possibile trovare molte irregolarità. Queste irregolarità possono riguardare il passaggio da singolare a plurale con relativo cambio di genere.

SOSTANTIVO SINGOLARE	SOSTANTIVO PLURALE
Il sopracciglio (M)	Le sopracciglia (F)
Il ciglio (M)	Le ciglia (F)
Il labbro (M)	Le labbra (F)
L'orecchio (M)	Le orecchie (F)
Il braccio[1] (M)	Le braccia (F)
Il dito (M)	Le dita (F)
Il ginocchio (M)	Le ginocchia (F)
La mano (F)	Le mani (F)

[1] Alcune parole hanno un cambio di significato se venissero coniugante normalmente. E' il caso della parola "Il braccio – i bracci". Nel caso specifico, i bracci, esiste ma è relativo a una macchina, a un qualcosa di meccanico e non al corpo umano. "Es. I bracci di quella gru sono per metà in acciaio e metà in alluminio.

11. Altre situazioni irregolari:

Alcuni non la aggiungono:

amico – amici

pneumatico – pneumatici

psicologo - psicologi

Alcuni sostantivi aggiungono l'H al plurale:

tedesco – tedeschi

albergo – alberghi

amica - amiche

GLI ARTICOLI

Gli articoli accompagnano i sostantivi, visti prima, nel nostro discorso. Nella quasi totalità degli utilizzi non ci sarà un sostantivo senza articolo. Proprio come i sostantivi che si dividono per genere (maschile o femminile) e numero (singolare e plurale), anche gli articoli dovranno essere divisi nello stesso modo per utilizzarli in modo corretto.

Gli articoli si dividono in due gruppi per definire un qualcosa del quale la persona con la quale parliamo è a conoscenza o una caratteristica che determina una persona o un oggetto tra tanti o l'indicare una categoria generale di cose o persone o professioni eccetera.

L'articolo è la chiave per capire il genere di un sostantivo. Se in un esame ci chiedono di coniugare un sostantivo con, ad esempio, un aggettivo, nel caso di sostantivo di secondo gruppo (Che finisce in -e) sarà l'articolo precedente a farci capire se il sostantivo in questione è maschile o femminile.

Primo gruppo: articoli determinativi

Maschile singolare	Maschile plurale
il	i
Femminile singolare	Femminile plurale
la	le
Maschile singolare *	Maschile plurale *
lo	gli

Come si può vedere dalla tabella, la prima grande distinzione viene fatta tra un articolo maschile e femminile, singolare e plurale. Se guardiamo la tabella sopra con quella disegnata in precedenza parlando dei sostantivi, vedremo come non solo sarà necessario cambiare l'ultima lettera del sostantivo per fare il plurale (o in i e a in e) ma dovremo modificare anche l'articolo.

Es. Singolare maschile: il tavolo   i tavoli

   Singolare femminile: la tenda   le tende

Se guardiamo con attenzione la tabella vediamo che, per le parole maschili, sono due gli articoli possibili. Il e lo, i e gli. Perché questa scelta? Proprio vicino all'articolo lo, degli ho messo un simbolo che ora proverò a spiegarvi. L'articolo *il* è l'articolo che viene usato in generale mentre *lo* solo in presenza di alcuni suoni e gruppi di lettera che ora vedremo insieme. E' importante che lo studente trascriva, ripeta e ricordi questa tabella in quanto sono tanti gli errori dipendenti da questa lacuna grammaticale.

1. PAROLA MASCHILE CHE INIZIA CON "S + CONSONANTE"

2. PAROLA MASCHILE CHE INIZIA CON "P+ CONSONANTE"

3. PAROLA MASCHILE CHE INIZIA CON "GN"

4. PAROLA MASCHILE CHE INIZIA CON " Y"

5. PAROLA MASCHILE CHE INIZIA CON "X"

6. PAROLA MASCHILE CHE INIZIA CON "Z"

7. PAROLA MASCHILE CHE INIZIA CON VOCALE

Cercherò ora di portare un esempio di tutte le parole indicate in questa tabella. Nota bene! La parola, deve essere maschile, se non puoi fidarti della terminazione della parola (o, e) consulta un vocabolario.

1.

Sbaglio - Parola maschile che inizia con "Sb". Lo sbaglio, gli sbagli

Studente – Parola maschile che inizia con "st". Lo studente, gli studenti

Scalino – parola maschile che inizia con "sc". Lo scalino, gli scalini

2.

Pneumatico – Parola maschile che inizia con "pn". Lo pneumatico, gli penumatici

3.

Gnomo – Parola maschile che inizia con "gn". Lo gnomo, gli gnomi".

4.

Yogurt – Parola maschile che inizia con "y" – Lo yogurt, gli yogurt

5.

Xilofono – Parola maschile che inizia con "x". Lo xilofono, gli xilofoni

6.

Zucchero – Parola maschile che inizia con "x". Lo zucchero, gli zuccheri".

La stessa divisione la avremo per gli articoli che chiamiamo articoli indeterminativi.

Maschile singolare	Maschile plurale
un	dei
Femminile singolare	Femminile plurale
una	delle
Maschile singolare *	Maschile plurale *
uno	degli

SOSTANTIVI CHE INIZIANO PER VOCALE

Non tutti i sostantivi iniziano con una consonante *(b,c,d,f,g,h,l,m,n,o,p,q,r,s,t,v,z)*, molti di loro iniziano, infatti, con una vocale *(a,e,i,o,u)* e possono essere maschili o femminili. Attenzione perché ci sono regole particolari che devono essere osservate nella scelta degli articoli, sia che essi siano maschili sia femminili.

Parola maschile che inizia per vocale:

Maschile singolare	Maschile plurale
un	**dei**
Femminile singolare	Femminile plurale
una	**delle**
Maschile singolare *	Maschile plurale *
uno	**degli**

Come abbiamo visto prima, la scelta degli articoli possibili va fatta guardando la seguente tabella. Avremo i vari generi, (maschile o femminile) e i rispettivi plurali così con gli articoli *speciali* uno e degli.

Come dobbiamo comportarci se la parola, maschile, inizia con una vocale? Vediamo i seguenti esempi:

amico (m,s)   istrice (m,s)

                    universo (ms,)

Abbiamo tre sostantivi tutti plurali. L'articolo da scegliere è nel nostro caso UNO. Cosa succede? La lettera "o" andrà persa e per questo avremo:

> Un amico
>
> Un istrice
>
> Un universo

Il plurale sarà semplice, basta seguire oltre la tabella dopo "uno". Avremo, infatti, degli:

> degli amici
>
> degli istrici
>
> degli universi

ATTENZIONE!!! Nel singolare maschile, un errore comune tra gli italiani è mettere l'apostrofo tra un e la parola che inizia per vocale (a,e,i,o,u). Non è corretto!

Un'amico - **X errore grave**

Un amico - **V grammaticalmente corretto**

Un universo, degli universi

Un istrice, degli istrici

Cosa simile avviene quando la scelta è tra gli articoli determinativi. Avremo però una regola diversa per quanto riguarda gli apostrofi che, come ricordiamo, servono solamente quando la parola è stata tagliata in qualche modo. (esempio: un poco, scriviamo un po' e non un po'!)

Questi errori sono valutati gravi negli esami di certificazione della lingua italiana tanto quanto cresce il livello da valutare. Se in un livello elementare A1-A2 non si darà troppa attenzione a queste situazioni al contrario, nei livelli avanzati, questi errori elementari verranno valutati come più gravi. Anche per questo motivo è importante, in sede di preparazione, ripetere tutta la grammatica dall'inizio fino al livello scelto. Molte persone hanno studiato tanti anni fa o non hanno studiato affatto imparando la lingua grazie all'esperienza di vita in Italia. Prima di un esame è importante tornare sui propri passi e chiarire bene le idee.

Ripetiamo qui la tabella che abbiamo trovato prima:

Maschile singolare	Maschile plurale
il	i
Femminile singolare	**Femminile plurale**
la	le
Maschile singolare *	**Maschile plurale ***
lo	gli

Anche in questo caso la nostra scelta andrà sull'articolo "lo" e "gli". Anche in questo caso la lettera "o" cade ma, in questo caso, dobbiamo mettere il simbolo di apostrofo '.

Ritroviamo i nostri esempi:

l'amico, gli amici

l'istrice, gli istrici

l'universo, gli universi

Cosa succede se la nostra parola, che inizia per vocale, è femminile? In questo caso non abbiamo scelta, se guardiamo attentamente la tabella vediamo come la scelta (un o uno, il o lo) riguarda solo le parole maschili.

Per una parola femminile non c'è grande scelta, dobbiamo per forza prendere "una" e "la". Vediamo le regole vicino alle parole che iniziano per vocale:

amica (f,s), opera (f,s), energia (f,s)

una – amica, un'amica (in questo caso dobbiamo mettere l'apostrofo)

un'opera, un'energia

Il plurale sarà senza apostrofo, è una regola! Nel plurale non c'è mai l'apostrofo:

delle amiche (plurale irregolare), delle opere, delle energie

Se la scelta sarà tra gli articoli determinativi dovremo scegliere "la" e "le". Anche qui dovremo mettere l'apostrofo per il singolare e non metterlo per il plurale:

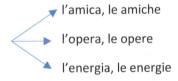

l'amica, le amiche

l'opera, le opere

l'energia, le energie

DIFFERENZA TRA ARTICOLI DETERMINATIVI E INDETERMINATIVI

Molti stranieri, soprattutto quelli che non trovano nella propria lingua madre una presenza di articoli, sono in dubbio sulla differenza che c'è tra l'utilizzo di un articolo indeterminativo (Un, una, uno) o di un articolo determinativo (il,lo, la). Possiamo dire innanzitutto che gli articoli indeterminativi si rivolgono a una famiglia e a un genere completo di cose o persone, mentre gli articoli determinativi si rivolgono a una unicità.

Pensiamo alla differenza tra *città* e *capitale*. La capitale è unica in un Paese mentre di città ce ne sono tante.

Se prendiamo ad esempio Parigi diremo:

Parigi è **la** capitale francese.

Parigi è **una** città francese.

In questo senso possiamo capire che di città ce ne sono tante e Parigi è una di queste. E' lo stesso quando diciamo "io sono un avvocato (uno di tanti)", Marco è un mio amico (uno di tanti) eccetera.

Altra differenza è il parlare di un qualcosa nota alla persona o no. Prima di uscire dall'ufficio un mio collega mi dice che mi ha inviato una mail molto importante. L'indomani mattina, a colpo sicuro, andrò da lui e gli dirò "Marco, ho letto la mail". In questo senso "la" vuole indicare proprio quella mail che mi hai inviato ieri e della quale mi hai parlato. Se io dicessi

"Marco ho letto una mail" sarebbe a indicare una mail a caso ma non la tua.

Gli articoli determinativi vengono poi usati tutte le volte in cui c'è una situazione di determinazione che ci fa capire che non siamo davanti a una situazione normale ma, appunto, speciale, determinata, unica e diversa dalle altre.

Dire "Marco è **un** mio amico" è, come detto prima, indicante il fatto che è uno di altri amici.

Se l'amico è il migliore, è unico. Marco è **il** mio migliore amico.

QUANDO NON SI USANO GLI ARTICOLI

Se siete dei lettori vi troverete, spesso, davanti a testi dove gli articoli vicini ai sostantivi non sono presenti. Perché? C'è un minimo numero di situazioni dove i madrelingua non usano gli articoli nonostante siamo davanti a sostantivo.

- Annunci

Ci sono testi fatti apposta per essere brevi e concisi, ad esempio gli annunci. Le parole che possono essere tagliate via sono gli articoli. *"Vendo (?) macchina nuova con soli 20.000 km".*

- Testi tecnici

In alcuni testi tecnici, lettere tecniche o giuridiche è possibile non trovare gli articoli al proprio posto. *"Scrivo come da annuncio presente su donna moderna".*

- Espressioni particolari

Alcune espressioni particolari, ad esempio quelle con il verbo avere, hanno la caratteristica di non utilizzare gli articoli. Sto parlando di:

-avere fame

-avere sete

-avere caldo

-avere freddo

-avere paura

-avere fretta

-avere esperienza

Ecc.

- Con i possessivi rivolti a nomi di parentela

In alcune situazioni non si usano gli articoli con i nomi di parentela singolari (vedi pagine seguenti). *Sono andato al cinema con mia madre e mia sorella.*

GLI AGGETTIVI

Un aggettivo è una parola molto importante che ci permettere di descrivere il soggetto. Cos'è il soggetto? E? la parte della frase più importante, tutto quello che diciamo ruota intorno a lui. Siccome quando parliamo usiamo le parole il soggetto della frase può essere una persona, e quindi il suo nome o cognome, un luogo come magari una città (senza l'articolo) o un Paese o un oggetto. Indipendentemente da questo avremo il nostro soggetto che sarà sempre al primo posto. Affinché vi sia una frase dovremo poi avere un verbo e, a seconda del verbo scelto, avremo un minimo di un'altra parola che completerà la frase. Per avere una frase logica minima dovremo quindi avere:

S + V + ...

Dove S è il nostro soggetto, immaginiamo Mario.

V è il nostro verbo e ci dice quale azione sta compiendo Mario.

La terza parola dipende dal tipo di verbo. Se, come da descrizione di questo paragrafo, vogliamo parlare degli aggettivi, useremo il verbo "essere" perché non ci interessa cosa sta facendo Mario ma com'è Mario e lo faremo utilizzando degli aggettivi.

Mario è ... + aggettivo

Gli aggettivi sono parole che descrivono, nel nostro caso, Mario. Ci diranno se Mario è bello o brutto, magro o grasso, simpatico o antipatico o forte o giovane. Gli aggettivi si dividono, come i sostantivi, in due gruppi:

Primo gruppo aggettivi

Maschile singolare	Maschile Plurale
- o	- i
Femminile singolare	**Femminile plurale**
- a	- e

La differenza che si può notare con i sostantivi è presto detta: mentre il sostantivo non vivente raramente cambia il proprio gruppo, l'aggettivo invece segue il soggetto e, perciò, cambia in modo naturale. Immaginiamo l'aggettivo "bello" . L'ultima lettera è – o perché è così che capisco che siamo nel primo gruppo e ho altre 3 lettere da scegliere.

Bello funziona fino a che uso come soggetto Mario. Se cambio e scrivo Maria, non potrò dire Maria è bello ma, al contrario, Maria è bella. Così dirò Maria e Marina sono belle, Mario e Paolo sono belli. Nel caso di maschile e femminile, nonostante vi siano impulsi sociali di cambiamento, a livello grammaticale vale ancora la versione -i maschile plurale.

Secondo gruppo di sostantivi:

Maschile – femminile singolare	Maschile – femminile Plurale
-e	-i

Così come i sostantivi anche gli aggettivi hanno una lista di aggettivi che è valida sia per un soggetto maschile sia per un soggetto femminile. Entrambi verranno descritti dalla lettera -e. Immaginiamo ad aggettivi come *forte debole*. Posso dire sia che Mario è forte, sia Maria è forte. Cambierò solamente al plurale.

Eccezioni:

Alcune eccezioni agli aggettivi si trovano nei colori. Ecco i colori regolari:

BIANCO

NERO

GIALLO

ROSSO

MARRONE

VERDE

GRIGIO

ARANCIONE

Questi colori troveranno spazio o nel primo o nel secondo gruppo e si coniugheranno di conseguenza. *La macchina è nera, il cane è nero, i pantaloni sono neri, le auto sono nere.*

Colori che fanno eccezione e non si coniugano:

BLU

ROSA

VIOLA

FUCSIA

Altri aggettivi irregolari possono essere "entusiasta" che non si coniuga. Marco è entusiasta, Maria è entusiasta.

VERBI REGOLARI MODO INDICATIVO

Ogni parola che, nella nostra testa, delimita un movimento e un'azione, è un verbo. Se io vi dico:

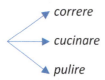

correre

cucinare

pulire

in ognuna di queste parole si materializza, nella vostra testa, l'immagine di una persona che sta facendo sport correndo al parco, di un cuoco che velocemente si muove tra pentole e padelle o di un altro intento, con acqua e secchio, a pulire il pavimento. Questi sono i verbi.

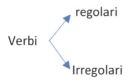

regolari

Verbi

Irregolari

I verbi possono coniugarsi, ossia adattarsi al soggetto, nello stesso modo, e in questo caso si chiamano "regolari" o in modi diversi e sono irregolari.

La maggior parte dei verbi si può dividere in 3 gruppi principali che chiameremo coniugazioni.

Coniugazione	1 ARE	2 ERE	3 IRE
			3 IRE (ISC)

La terza coniugazione, - Ire, presenta due sotto-categorie: *ire* e *ire* con *isc*, che vedremo poi.

Un verbo quando è alla forma base che si chiama infinito, nella maggior parte dei casi, terminerà in -are, -ere o -ire. Se non è parte di una costruzione particolare come vedremo in seguito, un verbo in una frase semplice non verrà mai espresso all'infinito in quanto la forma infinita non ha correlazione con il tempo. Se una persona viene da voi e dice "Il mangiare" voi capite di cosa ha bisogno ma non capite se vuole mangiare adesso o se ha già mangiato. Parlare non è solamente capire e farsi capire ma è anche collocare in modo più o meno preciso un'azione in correlazione con il tempo.

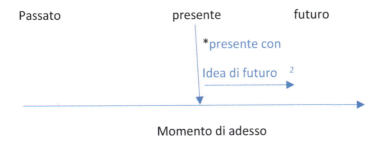

Passato   presente   futuro

*presente con

Idea di futuro [2]

Momento di adesso

---

[2] Il tempo presente viene spesso utilizzato con *idea di futuro*. Si usa un tempo presente per rappresentare un'azione che ancora deve iniziare, indipendentemente dalla vicinanza o lontananza con il momento attuale. Domani *vado* a comprare un nuovo telefono. La prossima estate *cambio* la macchina. Ecco due esempi.

La grande suddivisione base delle azioni nel tempo è tra un'azione di adesso (tempo presente), già svolta (tempo passato) e da svolgersi (tempo futuro). Questa è una distinzione base e sono tante le sfumature e le possibilità di andare più a fondo in questo in questo manuale. Al momento vi basti sapere che parlare all'infinito, senza una coniugazione, non permette a chi ascolta di dare un contesto temporale alla vostra azione.

I verbi si possono coniugare in relazione con il tempo e le sue sfumature, e parleremo qui di *tempi verbali,* o in base alle caratteristiche dell'azione che verrà poi, a sua volta, relazionata con il tempo. In questo caso ci troveremo a parlare di *modi verbali.*

I tempi e i modi verbali sono fondamentali per la preparazione degli esami di certificazione. A seconda del livello scelto non solo il candidato dovrà conoscere quanti più modi e tempi ma dimostrare di essere capace a utilizzarli in un contesto sempre più alto e complesso.

Il primo modo che viene studiato su quasi tutti i manuali è quello le cui azioni hanno un risvolto nella realtà. Sto parlando del Modo indicativo.

Il candidato di un esame di certificazione deve conoscere a memoria come si coniugano i verbi regolari, e poi irregolari, dall'infinito al modo indicativo tempo presente.

Il primo passaggio è capire in quale coniugazione ci troviamo.

Cant**are**

-*are* Prima coniugazione

Una volta che abbiamo identificato la coniugazione, che sia -are, -ere o ire dobbiamo eliminarla.

Cant**are** ⟶ cant –

A questo punto potrò aggiungere la terminazione che mi serve in base al soggetto della mia frase:

Soggetti	ARE	ERE	IRE	IRE (ISC)
io	-o	-o	-o	-isc-o
tu	-i	-i	-i	-isc-i
Lei, lui, lei	-e	-e	-e	-isc-e
noi	-iamo	-iamo	-iamo	-iamo
voi	-ate	-ete	-ite	-ite
loro	-ano	-ono	-ono	-isc-ono

A questo punto possiamo prendere ogni verbo presente nella lista dei verbi regolari (In appendice al fondo del libro) e trasformare l'infinito nel presente indicativo, seguendo questa tabella.

Cant**are** ———▶ prima coniugazione (are) ———▶ cant -
(eliminiamo -are)

IO CANTO

TU CANTI

LUI, LEI CANTA

NOI CANTIAMO

VOI CANTATE

LORO CANTANO

Corr**ere** ———▶ seconda coniugazione (ere) ———▶ corr-
(eliminiamo -ere)

IO CORRO

TU CORRI

LUI, LEI CORRE

NOI CORRIAMO

VOI CORRETE

LORO CORRONO

48

dorm**ire** ──────▶ terza coniugazione (ire) ──────▶ dorm-
(eliminiamo -ire)

IO DORMO

TU DORMI

LUI, LEI DORME

NOI DORMIAMO

VOI DORMITE

LORO DORMONO

cap**ire** ──────▶ terza coniugazione (ire -isc) ──────▶ cap-
(eliminiamo -ire)

IO CAPISCO

TU CAPISCI

LUI, LEI CAPISCE

NOI CAPIAMO

VOI CAPITE

LORO CAPISCONO

Alcuni verbi regolari, parte delle coniugazioni -are -ere o -ire, presentano alcune caratteristiche di parziale irregolarità.

VERBI IN -CARE E -GARE

Alcuni verbi, terminano in -Care e -Gare, prima coniugazione.

Con i verbi in care e gare si mantiene la regola fonetica che vuole che la consonante C e G quando sono seguiti da vocale i,e abbiano un suono morbido, come nell'inglese *cheese*.

Per evitare un cambio di sonorità in questi verbi è necessario seguire un'altra regola fonetica, quella che vede un cambio di suono, da morbido a duro, in presenza di una lettera *H* tra c,g e le vocali i,e.

Quando scriveremo, dobbiamo fare attenzione perciò al fatto che i verbi che terminano in -care e -gare (vedi nella lista a fine libro), come *giocare, pagare, litigare* eccetera avremo un'aggiunta di una lettera H nella seconda persona singolare (tu) e plurale (noi).

Verbo Pagare (-gare)

IO PAGO

TU PAGHI *

LUI, LEI PAGA

NOI PAGHIAMO *

VOI PAGATE

LORO PAGANO

Altri verbi: giocare, cercare, toccare, litigare...

VERBI CON IL PRESENTE INDICATIVO IRREGOLARE

Una lingua è viva e muta nei secoli. La lingua italiana, che nasce dal fiorentino volgare con il poema di Dante, è cambiata molto durante i secoli. Per questo non ci deve stupire se, con il tempo, alcuni errori grammaticali vengono poi considerati corretti. Non sempre è l'uso che fa la lingua ma vi sono certi fenomeni che, con il tempo, modificano o integrano molto la lingua standard. L'Italia poi è un crocevia di dialetti e accenti, di lingue regionali e cittadine che si fondono nell'italiano alterandone molto la portata.

Non ci deve stupire perciò se molti verbi sono *irregolari,* ossia non si coniugano nel modo visto sopra ma in una loro versione. La cosa da tenere a mente è che la categoria dei verbi regolari non è a sé stante, non è detto che un verbo irregolare nel modo indicativo tempo presente lo sia anche in altri tempi dello stesso modo o di altri. Faccio un esempio: vedremo tra poco che il verbo *andare* è irregolare nel modo indicativo tempo presente. Quando dobbiamo invece coniugare *andare* al participio passato, il nostro verbo tornerà regolare. E' perciò importante studiare ogni verbo in modo indipendente.

Per lo straniero che si accinge a superare la certificazione di livello B1 o B2 è fondamentale avere un vocabolario quanto più ricco possibile. I nuovi verbi, i sinonimi e il lessico non base faranno la differenza nella prova scritta o orale. Qualora si incontrino verbi nuovi è importante tradurli e memorizzarli, cercando più volte di coniugarli per non fare errori. Indicherò ora alcuni famosi verbi irregolari nel modo indicativo tempo presente.

ANDARE	FARE	DIRE	DARE
Io vado	Io faccio	Io dico	Io do
Tu vai	Tu fai	Tu dici	Tu dai
Lei, lui, lei va	Lei, lui, lei fa	Lei, lui, lei dice	Lei, lui, lei dà
Noi andiamo	Noi facciamo	Noi diciamo	Noi diamo
Voi andate	Voi fate	Voi dite	Voi date
Loro vanno	Loro fanno	Loro dicono	Loro danno

STARE	VENIRE	TRADURRE	SCEGLIERE
Io sto	Io vengo	Io traduco	Io scelgo
Tu stai	Tu vieni	Tu traduci	Tu scegli
Lei, lui, lei sta	Lei, lui, lei viene	Lei, lui, lei traduce	Lei, lui, lei sceglie
Noi stiamo	Noi veniamo	Noi traduciamo	Noi scegliamo
Voi state	Voi venite	Voi traducete	Voi scegliete
Loro stanno	Loro vengono	Loro traducono	Loro scelgono

I POSSESSIVI

I possessivi sono delle parole che ci indicano, in modo chiaro, a chi appartiene un oggetto, persona, animale, luogo ecc. Usati in chiave descrittiva possono essere sia aggettivi sia pronomi. Per declinare i possessivi dobbiamo, nella lingua italiana, andare insieme al genere e numero delle parole. Avremo, quindi, maschile e femminile singolare e maschile e femminile plurale.

Prima del possessivo è necessario mettere l'articolo che non verrà usato solo in alcune particolari eccezioni. L'articolo messo prima evita problemi fonetici: il sostantivo "lo zaino" nel caso di utilizzo del possessivo, non verrà usato secondo la regola del sostantivo maschile che inizia con la lettera -z ma verrà utilizzato il maschile singolare il mio zaino.

MASCHILE SINGOLARE	FEMMINILE SINGOLARE	MASCHILE PLURALE	FEMMINILE PLURALE
Il/un mio	La/una mia	I / dei miei	Le / delle mie
Il /un tuo	La/una tua	I / dei tuoi	Le / delle tue
Il / un suo*	La /una sua*	I / dei suoi*	Le / delle sue*
Il/un nostro	La /una nostra	I / dei nostri	Le / delle nostre
Il/un vostro	La /una vostra	I / dei vostri	Le / delle vostre
Il/un loro	La / una loro	I / dei loro	Le / delle loro

- Le terze persone vengono usate riferendosi sempre sia al soggetto "lui, lei" alla terza persona sia quando si usa la forma di cortesia "Lei".

Cosa vuol dire che i possessivi possono essere usati sia come aggettivi sia come pronomi? E' molto semplice. L'uso come aggettivo vuole dire che stiamo specificando di chi sia un oggetto. L'uso come pronome, invece, non necessita di ripetere l'oggetto in questione in quanto è già stato detto. Un esempio:

*Questa è **la mia** macchina, quella è **la sua**.*

In questa semplice frase notiamo il primo uso del possessivo, *la mia macchina,* nel senso di aggettivo possessivo. Il secondo uso, *la sua,* è in senso di pronome.

POSSESSIVI E ARTICOLI

I possessivi ci propongono una delle eccezioni più importanti nell'uso, o meno, degli articoli vicino ai sostantivi.

Sto parlando dell'uso dei possessivi in una frase dove è presente un nome di parentela nomi che, in italiano, sono spesso usati.

Sto parlando di fratello, sorella, padre, madre, nonno, nonna, cugino, cugina, suocero[3], suocera, cognato[4], cognata, nuora[5], genero[6], zio, zia eccetera.

Quando in una frase useremo uno di questi nomi con il possessivo, dobbiamo osservare una regola particolare.

Vediamo la regola generale:

nome di parentela	Articolo sì	Articolo no
• Nomi di parentela singolari Es: Padre, madre, fratello, sorella, zio, zia, nonno, nonna, cugino, cugina, suocero, suocera ecc		X
• Nomi di parentela plurali	X	

---

[3] Il padre del marito o della moglie.
[4] Il fratello del marito o della moglie.
[5] La moglie del figlio.
[6] Il marito della figlia.

Esempio: Domani vado al cinema con **mio** zio, sua moglie, **mia** sorella, **nostro** cugino e il mio amico Marco (un amico non fa parte dei parenti). Stessa frase al plurale: Domani vado al cinema con **i miei** zii, **le loro** mogli, **le mie** sorelle, **i nostri** cugini e il mio amico Marco.		

Nonostante la nostra regola generale espressa sopra, sono molti i nomi di parentela che, nonostante siano singolari, vogliono l'articolo. Li ho raccolti qui:

Nomi di parentela	Articolo sì	Articolo no
• Nomi di parentela determinati. C'è una piccola caratteristica che li rende diversi da un nome generico. Lo zio d'America, il nonno paterno, la sorella maggiore eccetera.	X	
• "loro"	X	
• Nomi alterati. Sono tutti quei nomi modificati dall'affetto: mammina, papino, nonnino, nonnina, zietto, zietta, cuginetto, cuginetta, fratellino, fratellone ecc.	X	

INTRODUZIONE AI PRONOMI

La parola pronome deriva dal latino *pro-nomen,* al posto del nome. Quale nome? Un nome (una parola) che abbiamo già detto una volta e pertanto non c'è bisogno di ripeterla ancora altre volte. Il principio cardine dei pronomi, quasi tutti, è proprio questo : non ripetere qualcosa già detto e che è già chiaro dal discorso. I pronomi ci aiutano a parlare in modo più veloce e conciso.

Solitamente i pronomi sono messi prima del verbo e in nessun altro posto. Se avete capito come riconoscere un verbo e vedete prima di esso una parola come (ci, la, lo, li, le, gli ...) sono pronomi e sostituiscono qualche altra parola già detta nel discorso.

IL "CI" LOCATIVO

Il "ci" locativo nel nostro programma è il primo pronome che viene analizzato. Funzionerà in toto come tutti gli altri pronomi. La parola *locativo* ci fa pensare subito alla sua funzione: sostituire un posto che è già stato detto, sia in senso di stato (sono in questo posto) sia in senso di moto (vado in questo posto).

Per capire meglio il senso dei pronomi cercheremo di usarli con uno schema *domanda – risposta* che renderà più facile capire.

Immaginiamo di usare il nostro solito Mario

Mario va
- In America?
- In Francia?
- a Parigi?
- In via Roma?
- In ufficio?

Abbiamo qui diversi esempi di diversi posti, ordinati per estensione. Siamo partiti da un continente per poi ridurci a uno Stato, città, indirizzo, luogo in città. Essendo queste delle domande, sarà possibile rispondere ripetendo ogni singola parola ma, probabilmente, non è così che un madrelingua approccia la situazione.

Vediamo comunque la risposta completa:

MARIO VA IN AMERICA?

Sì, Mario va in America. No, Mario non va in via Roma.

Essendo davanti a tanti posti ed avendo nella lingua italiana la possibilità di usare il pronome "ci" locativo, non dovete esitare ed è possibile usare il pronome per sostituire la parte della frase che indica il luogo.

Immaginando di rispondere alle domande sopra scritte la risposta sarà semplice:

Sì, **ci** va. ───────▶ Il verbo alla 3 persona singolare ci fa capire che stiamo sempre parlando di lui, Mario. Ci in questo caso sostituisce ogni posto già detto nella domanda.

Ricordate che il pronome si usa, generalmente, prima del verbo! I casi in cui è possibile cambiare la posizione del pronome verranno esaminati in seguito.

GLI AVVERBI

Abbiamo visto che per descrivere il soggetto di una frase, indipendentemente dal fatto che sia una persona, un animale, una cosa o un luogo, utilizziamo il verbo essere con gli aggettivi di primo e secondo gruppo.

E' anche però possibile descrivere un'azione e quindi un verbo diverso dal verbo essere. Questa è una caratteristica da ricordare:

Verbo essere ⟶ + aggettivi primo gruppo (o,a – i,e) secondo gruppo (e,i)

Altri verbi ⟶ + avverbi

Molte parole possono avere una doppia funzione: possono essere al tempo stesso aggettivi o avverbi e anche è possibile che gli avverbi descrivano un aggettivo. Questa divisione è limitata ai livelli A1 – A2 e B1 – B2.

Ecco una tabella[7] che divide gli avverbi secondo il loro ruolo:

AVVERBI DI ⟶ TEMPO	prima, poi, ora, subito, sempre, mai
AVVERBI DI ⟶ QUANTITÀ	poco, molto, più, meno, tanto, solamente
AVVERBI DI ⟶ AFFERMAZIONE	sì, certo!, sicuro!, davvero!
AVVERBI DI ⟶ NEGAZIONE	no, non
AVVERBI DI ⟶ DUBBIO	forse, probabilmente
AVVERBI ⟶ INTERROGATIVI	dove?, quando?, come?, perché?
AVVERBI ⟶ ESCLAMATIVI	dove!, quando!, come!
AVVERBI ⟶ PRESENTATIVI	ecco

---

[7] Presente sul sito dell'enciclopedia Treccani.

LE PREPOSIZIONI SEMPLICI

Le preposizioni sono quelle piccole parole che connettono verbi o sostantivi collegandoli fra loro. L'uso delle preposizioni è vario, possiamo avere preposizioni di luogo, di tempo, di possesso eccetera. La lingua italiana offre, nonostante la categoria, moltissime eccezioni che preoccupano sempre gli studenti. Un altro problema è dato dal fatto che le preposizioni sono sia semplici sia articolate, ossia preposizioni + articoli. Anche la scelta tra una preposizione semplice e una preposizione articolata può essere considerata un'eccezione, a volte usiamo la preposizione semplice ma con certe altre parole, articolata.

Iniziamo con il classificare le preposizioni semplici:

DI

A

DA

IN

CON

SU

PER

TRA - FRA

Alcune di queste preposizioni, a volte, si uniscono agli articoli determinativi che già abbiamo studiato. Vediamo come:

	il	i	la	le	lo	gli
di	del	dei	della	delle	dello	degli
a	al	ai	alla	alle	allo	agli
da	dal	dai	dalla	dalle	dallo	dagli
in	nel	nei	nella	nelle	nello	negli
con	col	coi	colla	colle	collo	cogli
su	sul	sui	sulla	sulle	sullo	sugli

LE PREPOSIZIONI DI LUOGO

Sono quelle preposizioni che vengono usate per uno spostamento (moto) o uno stato (essere in un posto).

Nonostante le molte eccezioni che si trovano nella lingua e nonostante le tantissime varianti regionali, è possibile sintetizzare alcune regole:

Usiamo la preposizione "a" principalmente in queste espressioni:

- Da e in una Città: Marco è a Milano – Marco va a Roma.
- Con la parola "casa": Marco va a casa – Marco è a casa.
- Con le piccole isole. Marco va a Carpi (a Ischia, a Procida ecc) – Marco è a Capri (a Ischia ecc).
- Con le direzioni: Marco va a destra – Marco va a sinistra.

Con le seguenti espressioni:

al mare, al fiume, a teatro, a scuola,

IN

Usiamo la preposizione "in" principalmente in queste espressioni:

- Con i Paesi: Marco è in Francia – Marco va in Inghilterra
- Con i continenti: Marco è in Asia – Marco va in Australia
- Con gli indirizzi: Marco vive in via Roma 12. Marco è in piazza Dante.
- Con le grandi isole: Marco va in Sicilia – Marco è in Sardegna.
- Con le parti della casa: Marco è in cucina (in bagno, in soggiorno, in corridoio)

Con le seguenti espressioni:

in centro, in campagna, in città, in pizzeria, in palestra, in piscina, in casa,

PER

Usiamo la preposizione "per" principalmente in queste espressioni:

- Con i verbi "passare" e "partire". Quando vado a Milano passo per Genova. Domani parto per le vacanze.
- Con i biglietti: Ho comprato un biglietto per Roma.

DI

Di è la preposizione che usiamo per stabilire una provenienza, un'appartenenza a una città. Io sono di Sanremo vuole dire che sono cresciuto (a volte nato e cresciuto) in questa città e che la sento come la mia città natale.

LE PREPOSIZIONI DI TEMPO

Le stesse preposizioni analizzate prima possono essere rapportate al tempo, all'inizio e alla fine di un'azione nella sua dimensione temporale.

Quando dobbiamo, ad esempio, parlare di orari, usiamo queste preposizioni nel senso di inizio e fine:

da ... a ⟶ MESI – Il bagnino lavora da Maggio a Settembre

dal ... al ⟶ GIORNI DELLA SETTIMANA – Il cuoco lavora dal lunedì al sabato.

Attenzione!!! Se usiamo il giorno "domenica" le preposizioni saranno dalla ... alla ! il cuoco lavora dal venerdì alal domenica.

Dalle ... alle ⟶ ORE - Marco lavora dalle otto alle sei di sera.

Attenzione! Se usiamo la parola "mezzogiorno" e "mezzanotte" le preposizioni saranno da ... a ... Es. Marco lavora da mezzogiorno alle sei.

DA - Azione iniziata nel passato e ancora attiva oggi.

Inizio azione   oggi   futuro

Canto dal 2021. L'azione inizia nel 2021 e oggi ancora canto.

PER – Azione iniziata nel passato e oggi non c'è più.

Inizio azione   fine   oggi   futuro

Ho cantato per 2 anni. Oggi non canto più.

IL PASSATO PROSSIMO

Con il tempo passato prossimo ci troviamo ancora davanti alla nostra linea del tempo. Se il presente indicativo ci colloca nel momento attuale e futuro, (il presente, infatti, può essere usato anche con idea di futuro), con il Passato prossimo siamo nel mondo del passato.

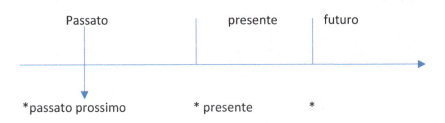

I tempi verbali nella lingua italiana sono divisibili in due tipi: semplici e composti. Che differenza c'è tra i due è presto detta:

Tempi semplici ⟶ il tempo è composto da 1 sola parola;

Tempi composti ⟶ il tempo è composto da 2 parole, un verbo ausiliare (essere, avere) e il verbo che determina l'azione. Insieme avremo un altro modo verbale: il participio passato. E' un verbo di una sola parola che può essere regolare o irregolare.

Il passato prossimo è il primo dei tempi composti che analizziamo. E' importante capire bene la divisione perché questa sarà uguale in ogni tempo composto che analizzeremo in futuro e sulla quale non torneremo.

Come si costruisce il passato prossimo?

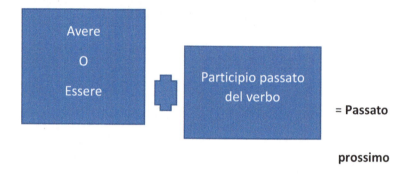

Il primo nodo da sciogliere è il perché di questa scelta tra il verbo Avere o Essere coniugati al tempo presente indicativo. E' molto importante capire questa logica in quanto molti studenti imparano a memoria le categorie dei verbi che vogliono essere o avere senza avere capito bene il perché di questa scelta. Iniziamo con il dire che i verbi non sono tutti uguali. Alcuni reggono una parte della frase che chiamiamo "complemento oggetto" che altri non è che una parola che risponde alla domanda logica *Chi? Che cosa?* Se nella nostra frase troviamo una parola che risponde a una di queste domande, possiamo dire che c'è un complemento oggetto e quindi il verbo che regge il tutto si chiamerà *Verbo Transitivo.*

Facciamo qualche esempio.

Marco mangia una pizza.

E' possibile in questa frase trovare una parola che risponda alla domanda *Chi? Che cosa?* Attenzione! Non è possibile usare "Marco" come risposta in quanto Marco è il nostro soggetto, è colui che fa l'azione e non può essere al tempo stesso un soggetto e un complemento oggetto. Pertanto l'unica parola che può rispondere alla domanda *che cosa* è il sostantivo "la pizza". Facciamo la prova contraria: Che cosa mangia Marco? La pizza. Questo è il nostro complemento oggetto.

Marco mangia **una pizza**.

Complemento oggetto

Paolo incontra Marina al bar.

E' possibile trovare in questa frase una parola che risponda alla domanda *Chi? Che cosa?* Facciamo la nostra prova: Chi incontra Paolo? Marina. Marina è il nostro complemento oggetto.

Paolo incontra **Marina** al bar.

Complemento oggetto

Nella grande maggioranza dei casi, useremo il verbo Avere per coniugare al passato prossimo (o altro verbo composto) i verbi transitivi che reggono il complemento oggetto.

E gli altri verbi? Molti altri verbi non reggono un complemento oggetto che, come già detto, risponde solo alle domande *Chi? Che cosa?*

Marco e Marina **vanno** in vacanza a Parigi.

In questa frase, come vedete, il verbo non risponde né alla domanda *chi* né alla domanda *che cosa* ma, al contrario, risponde alla domanda *dove.*

Marco e Marina **vanno** in vacanza a Parigi.

Dove? A Parigi. Complemento di luogo

Per comodità possiamo dire che useremo:

Verbo *avere*: Verbi transitivi (reggono in maggioranza un complemento oggetto)

Verbo *essere*: verbi intransitivi (reggono altri complementi)

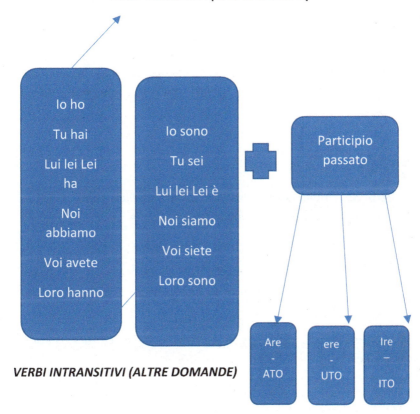

VERBI TRANSITIVI (CHI? CHE COSA?)

Io ho

Tu hai

Lui lei Lei ha

Noi abbiamo

Voi avete

Loro hanno

Io sono

Tu sei

Lui lei Lei è

Noi siamo

Voi siete

Loro sono

Participio passato

Are - ATO

ere - UTO

Ire – ITO

VERBI INTRANSITIVI (ALTRE DOMANDE)

Per semplificare la vita del candidato agli esami di certificazione della lingua italiana e dare la giusta preparazione possiamo dire che useremo essere, soprattutto, in queste categorie di verbi intransitivi:

Verbi che vogliono il verbo essere nei tempi composti:

1. **verbo di movimento**: andare, tornare, partire, salire, scendere, venire, entrare, uscire, correre, partire, eccetera.

!!! Eccezioni!!! Attenzione: i verbi di movimento "camminare, passeggiare, viaggiare" sono eccezioni e verranno coniugati con il verbo avere.

2. **Verbi di stato**: *essere, stare, rimanere*

3. **Verbi di cambiamento**: *cambiare, diventare, ingrassare, dimagrire, nascere, morire, invecchiare, ringiovanire ecc.*

4. **Verbi impersonall**: *piacere, mancare, andare, toccare ... in modo impersonale*

5. **Verbi riflessivi**: *alzarsi, lavarsi, asciugarsi, vestirsi, pettinarsi, radersi etc...*

6. **Verbi reciproci**: *abbracciarsi, parlarsi, vedersi, baciarsi, sposarsi, lasciarsi etc...*

CONIUGAZIONE VERBI COMPOSTI

I verbi composto, che hanno la scelta tra l'ausiliare essere e l'ausiliare avere, hanno una regola diversa per quanto riguarda la coniugazione in accordo con il soggetto. Abbiamo visto che il soggetto della frase è la parola alla quale tutta la frase si rivolge indipendentemente che sia una persona, un oggetto, un animale o un luogo.

Come abbiamo detto all'inizio del libro, ogni parola deve essere, nella lingua italiana, divisa per genere (maschile o femminile) e numero (singolare o plurale). Questo va fatto indipendentemente dal fatto che stiamo parlando di una persona o di un oggetto o luogo. Useremo per ogni parola le regole che abbiamo studiato per classificare i sostantivi o i nomi propri di persona o di città.

Ovviamente è più semplice fare un esempio con dei nomi di persona in quanto chiaramente identificabili.

Vediamo ora 5 frasi al presente che proveremo poi a trasportare al passato prossimo. Troverete, passo passo, le domande da farvi per fare tutto questo in autonomia. Iniziamo con il leggere bene le frasi:

Marco mangia una pizza margherita.

Marina compra un libro in libreria.

Marco e Paolo lavano la loro auto.

Marina e Carla vendono i loro vestiti vecchi.

Paolo e Marina guardano un film alla tv.

Indentificate, a questo punto, i verbi.

mangiare

comprare

lavare

guardare

Marco **mangia** una pizza margherita.

Marina **compra** un libro in libreria.

Marco e Paolo **lavano** la loro auto.

Marina e Carla **vendono** i loro vestiti vecchi.

Paolo e Marina **guardano** un film alla tv.

I verbi in grassetto sono:

mangiare, comprare, lavare, vendere, guardare. Questi verbi reggono il complemento oggetto, ossia una parola che risponde alla domanda Chi? Che cosa?

Sì! Che cosa mangia Marco? Una pizza.

Che cosa compra Marina? Un libro.

Che cosa lavano Paolo e Marco? La loro auto.

Che cosa vendono Carla e Marina? I loro vestiti.

Che cosa guardano Paolo e Marina? Un film

Appositamente ho inserito diversi soggetti per riuscire meglio a identificare i generi.

Marco	⟶	lui, maschile singolare
Marina	⟶	lei, femminile singolare
Paolo e Marco	⟶	loro, maschile plurale
Carla e Marina	⟶	loro, femminile plurale
Paolo e Marina	⟶	loro, maschile e femminile

E' molto importante identificare il soggetto delle nostre frasi in quanto le regole che stiamo per affrontare dovranno muoversi agilmente proprio in questo contesto.

Tutti i nostri verbi di esempio sono verbi transitivi e, come abbiamo visto, sono coniugati con il verbo avere. Il verbo avere in una frase semplice senza pronomi non si coniuga. Per *coniugare* intendo l'accordo dell'ultima lettera del participio passato in accordo con il soggetto.

Verbo avere

M,s	M,P
- O	- O
F,s	F,p
-O	- O

+ mix maschile e femminile : - O

Non sarà perciò un problema trasportare le frasi precedenti utilizzando il verbo avere e il participio passato. Per il participio passato irregolare guardare l'appendice di questo libro.

Marco **ha mangiato** una pizza margherita.

Marina **ha comprato** un libro in libreria.

Marco e Paolo **hanno lavato** la loro auto.

Marina e Carla **hanno venduto** i loro vestiti vecchi.

Paolo e Marina **hanno guardato** un film alla tv.

Cosa diversa è l'utilizzo, secondo la precedente tabella, di uno dei verbi che viene coniugato con *essere* nei verbi composti, nel nostro caso il passato prossimo.

Riformuliamo diversi esempi sempre con gli stessi soggetti:

Marco va in montagna per una settimana.

Marina si alza la mattina presto.

Marco e Paolo ingrassano molto nelle feste.

Marina e Carla nascono in Liguria a Sanremo.

Paolo e Marina tornano a casa

Come prima, analizziamo i verbi e cerchiamo di capire se rispondono o meno alla domanda *chi, che cosa*.

Marco **va** in montagna per una settimana.

Marina **si alza** la mattina presto.

Marco e Paolo **ingrassano** molto nelle feste.

Marina e Carla **nascono** in Liguria a Sanremo.

Paolo e Marina **tornano** a casa

Come è stato facile capire, nessun verbo risponde alla domanda *chi, che cosa* tanto che i verbi sono stati tutti inseriti in categorie di movimento, cambiamento, riflessivi eccetera. Ci troviamo davanti a dei verbi intransitivi che vogliono, come da schema, essere coniugati con *essere*.

Attenzione! Se prima non era importante accordare la frase al soggetto maschile o femminile, in questo caso diventa fondamentale. Ricordiamo che l'ultima lettera del nostro participio passato cambia a seconda del soggetto.

Verbo essere

M,s	M,p
- O	- I
F,s	**F,p**
-A	- E

+ mix maschile e femminile : - I [8]

---

[8] Molti movimenti politici considerano l'attribuzione della "i "maschile anche in presenza di un soggetto femminile come discriminatoria. A volte è considerato discriminatorio attribuire un sesso, maschile o femminile, a prescindere. Non è raro imbattersi in testi dove al posto della nostra – i si useranno altri simboli fatti appositamente per evitare di attribuire un genere e un numero grammaticale. Sto parlando di sostituire la -i con il numero 3, ieri siamo andat3 , o con

Trasformiamo le frasi al passato prossimo facendo attenzione all'accordo:

Marco **è andato** in montagna per una settimana.

Marina **si è alzata** la mattina presto.

Marco e Paolo **sono ingrassati** molto nelle feste.

Marina e Carla **sono nate** in Liguria a Sanremo.

Paolo e Marina **sono tornati** a casa.

---

un simbolo tipo *, ieri siamo andat*, o con il simbolo schwa ∂, ieri siamo andat∂. Per uno studente che si appresta a superare un esame di certificazione della lingua italiana è preferibile utilizzare la lingua standard come, tra l'altro, confermato dall'accademia della crusca, massimo esponente della linguistica.

IL CONCETTO DI MOVIMENTO

Molti studenti, a seconda della loro lingua madre, hanno difficoltà a capire il senso di *movimento* collegato ai verbi intransitivi e alla loro coniugazione.

Perché verbi come *ballare, visitare* non vengono coniugati con il verbo essere ma avere?

Cerchiamo di capire, innanzi tutto, cosa significa *movimento* per questi verbi.

Dobbiamo mettere in primo piano la nostra presenza in un posto e lo scambio di questo posto con un altro.

Il mio movimento (andare, venire, tornare ecc) è dal posto

A – al posto B. I verbi come Ballare, nuotare, visitare non indicano

Un cambio effettivo di posto ma, al contrario, un movimento del

Corpo o in un posto che non cambia.

I VERBI RIFLESSIVI

I verbi riflessivi sono una categoria spesso indigesta per gli studenti della lingua italiana. Cercherò qui di spiegare, in modo semplice, in cosa si differiscono dai verbi, diciamo, *normali*.

Il primo ragionamento che dobbiamo fare è relativo al fatto che ogni verbo rappresenta un'azione. Questa azione è fatta dal soggetto, la parola principale di ogni frase, e viene trasferita.
Facciamo un esempio:

Riuscite a trovare il soggetto, il verbo e il complemento oggetto (chi? Che cosa?) guardando questo disegno? Immaginiamo che quest'uomo si chiami Mario.

Ebbene:

Mario lava la macchina.

In questa frase abbiamo il nostro soggetto, Mario, l'azione che è *lavare* e il complemento oggetto, *che cosa lava Mario?* Che è *la macchina.*

Mario   lava ——————————▶   la macchina.

(soggetto)

L'azione *lavare* si trasferisce da Mario alla sua macchina. Inizia con lui, Mario, e va verso la macchina.

Una situazione simile è possibile ritrovarla in questa immagine sopra. La ragazza, in questo caso, lava il suo cane. La sostanza non cambia: l'azione parte dal soggetto, (la ragazza) e si trasferisce verso il cane.

Possiamo dire che quasi tutti i verbi transitivi fanno nascere l'azione dal soggetto verso il complemento oggetto. Nel caso di lavare, possiamo lavare qualcosa o qualcuno.

Ci sono delle situazioni dove, al contrario, l'azione non va su qualcosa o qualcuno ma nasce dal soggetto per tornare indietro sempre su di lui.

Se dovessimo guardare questa azione sopra con la logica dei verbi transitivi dovremmo dire che *Lui lava lui* visto che l'azione nasce dal soggetto per tornare su di esso.

Per rendere più chiara questa situazione del *lui lava lui,* esistono i verbi riflessivi. Proprio come lo specchio riflette un'immagine, così il verbo riflessivo riflette l'azione sul soggetto.

I verbi riflessivi si differenziano dai verbi normali transitivi già dall'infinito. L'infinito dei verbi riflessivi infatti non termina in *-are -ere -ire* come abbiamo visto in precedenza ma in *-si*.

Il verbo in sé stesso è uguale, saranno i pronomi a determinare la differenza. Vediamo nel prossimo schema un confronto tra verbo transitivo e riflessivo al tempo presente.

Verbo riflessivo		Verbo transitivo	
Io **MI**	lavo	io	lavo
Tu **TI**	lavi	tu	lavi
Lui, lei, Lei **Si**	lava	Lui, lei, Lei	lava
Noi **CI**	laviamo	Noi	laviamo
Voi **Vi**	lavate	voi	lavate
Loro **Si**	lavano	loro	lavano

La differenza che ci farà vedere l'azione sul soggetto è data dai pronomi **Mi, Ti, Si, Ci, Vi, Si**. Dimenticare il pronome vuole dire passare al verbo transitivo con il senso diverso che vi ho mostrato. Non tutti i verbi transitivi hanno per forza una forma riflessiva.

Analizziamo ancora altri verbi transitivi che hanno una forma riflessiva.

Alzare	→ alzarsi
Lavare	→ lavarsi
Asciugare	→ asciugarsi
Vestire	→ vestirsi
Pettinare	→ pettinarsi
Fare la barba	→ farsi la barba
Truccare	→ truccarsi

Qui sopra abbiamo una serie di verbi che usiamo per la cura della nostra persona. Abbiamo visto che, in pratica, la differenza tra l'utilizzo della prima colonna di verbi e la seconda è nella presenza dei pronomi Mi, Ti, Si, Ci, Vi, Si. Cosa cambia in pratica? Come può uno straniero capire la differenza tra le due azioni? E' sempre tutto rivolto alla presenza, o meno, della domanda *Chi? Che Cosa?*

Se usiamo la prima colonna di verbi, l'azione del verbo sarà trasferita, in questo caso, su qualcun altro che non è la persona soggetto dell'azione.

Dire:

Mario alza, Mario lava, Mario asciuga, Mario veste, Mario pettina, Mario fa la barba, Mario trucca ... sono tutte azioni rivolte verso qualcuno o qualcosa.

Mario alza il sacco di cemento, Mario asciuga il tavolo della cucina, Mario pettina sua figlia, Mario fa la barba al nonno, Mario trucca l'attrice prima dello spettacolo.

Se, al contrario, vogliamo vedere Mario fare da solo tutte queste azioni, dobbiamo usare i verbi riflessivi.

Mario si alza, Mario si lava, Mario si asciuga, Mario si veste, Mario si pettina, Mario si fa la barba.

I VERBI RECIPROCI

Nella lingua italiana troviamo un altro gruppo di verbi che funzionano in modo simile ai verbi riflessivi visti prima ma non è possibile comprenderli nel modo che vi ho descritto. Questi verbi hanno un'azione, come tutti i verbi, che è circolare. Quello che fa una persona, viene ricevuta dall'altra.

Sto parlando di verbi tipo:

PARLARSI

AMARSI

ODIARSI

FIDANZARSI

LASCIARSI

SPOSARSI

VEDERSI

FREQUENTARSI

E molti altri. Questi verbi, come possiamo notare dalla fine in -Si, useranno gli stessi pronomi visti prima. Il senso è però diverso. Se io trovo due soggetti, ad esempio Mario e Maria, posso dire che " Si parlano", nel senso che lui parla a lei e lei a lui. Così possiamo dire *si sposano, si frequentano, si vedono.*

Nel passato prossimo e altri verbi composti i verbi reciproci useranno l'ausiliare *essere* proprio come i verbi riflessivi.

In alcune situazioni possiamo avere un verbo reciproco o un verbo transitivo a seconda dalla presenza o meno del complemento oggetto. Un esempio può essere il verbo "incontrare" e il verbo "incontrarsi". Se immaginiamo il sostantivo "i miei amici" io posso dare a questo sostantivo funzione di soggetto o di oggetto e in base a questo posso scegliere se usare un verbo reciproco o transitivo.

Soggetto : Io e i miei amici ci siamo incontrati.

Oggetto: Ho incontrato i miei amici.

I PRONOMI DIRETTI

Come abbiamo detto prima nell'introduzione ai pronomi il pronome è una piccola parola che, a seconda del tipo, sostituisce una parte del discorso già chiara a chi ci stiamo rivolgendo. Al posto di ripetere ogni volta questa parte è possibile usare il pronome appropriato. I pronomi chiamati diretti sono pronomi adatti a sostituire un oggetto diretto, cioè una parola che, all'interno della frase, risponde alla domanda *chi? Che cosa?*

Facciamo un esempio:

Marco mangia una pizza.

Se escludiamo Marco che è il nostro soggetto, l'unica parola che può rispondere alla domanda *chi? Che cosa?* è la parola *una pizza.* Se io infatti chiedo "che cosa mangia Marco? Una pizza! "Una pizza è il nostro complemento oggetto.

Un complemento oggetto è, in questo caso, un sostantivo e come abbiamo visto in precedenza i sostantivi possono essere singolari o plurali, maschili o femminili.

Riformuliamo il nostro esempio utilizzando tutte le possibili combinazioni di complemento oggetto.

una pizza (femminile, singolare)

Marco mangia → un panino (maschile, singolare)

delle fragole (femminile, plurale)

dei gelati. (maschile, plurale)

Come nella spiegazione precedente possiamo immaginare, per semplificare la spiegazione, che l'esempio fatto sopra contenga delle domande alle quali dovremo rispondere.

una pizza?

Marco mangia → un panino?

delle fragole?

dei gelati?

Come già detto in precedenza il fatto di ripetere, nella risposta, le parole presenti nella domanda, è di per sé corretto anche se, in un esame come la certificazione di lingua italiana, è bene mostrare ai valutatori di saper utilizzare i pronomi.

Esempio di risposta ripetitiva: Sì, Marco mangia una pizza. Nella risposta troviamo ogni elemento della domanda.

Potendo però catalogare il pronome in base al genere (maschile o femminile) e numero (singolare e plurale) consiglio di utilizzare questa tabella per identificare il pronome diretto giusto.

Maschile singolare	Femminile singolare	Maschile plurale	Femminile plurale
lo	la	li	le

Come già detto in precedenza i pronomi, salvo situazioni particolari che analizzeremo in seguito, si scrivono davanti al verbo ed è proprio questo che li distingue visivamente dagli articoli.

Se avete studiato bene i verbi su questo manuale capirete che :

La pizza ⟶ *"Pizza"* è un sostantivo femminile singolare e "la" è il suo articolo.

La mangia ⟶ *"mangia"* è la terza persona singolare del verbo *mangiare*. "la" non può essere un articolo ma è per forza un pronome e quindi sostituisce qualche parola già letta o ascoltata.

Rispondiamo alle domande precedenti:

1. Sì, **la** mangia. (la – una pizza)

2. No, non **lo** mangia. (lo – un panino)

3. Sì, **le** mangia. (le – delle fragole)

4. No, non **li** mangia. (li – dei panini)

PRONOMI DIRETTI E PARTICIPIO PASSATO

Le regole grammaticali aumentano leggermente quando la nostra frase non è con un verbo semplice (una sola parola) come nel nostro esempio precedente ma è con un verbo composto (due parole) come, ad esempio, il passato prossimo[9].

Vediamo l'esempio precedente al passato

Marco **ha mangiato**

- una pizza (femminile, singolare)
- un panino (maschile, singolare)
- delle fragole (femminile, plurale)
- dei gelati. (maschile, plurale)

In questo caso assistiamo a una piccola trasformazione della nostra richiesta. Come primo passaggio dobbiamo sempre guardare il nostro complemento oggetto, la parola che risponde alla domanda *Chi? Che cosa?* e identificare il genere (maschile o femminile) e il numero (singolare o plurale).

Una volta fatto questo dovremo guardare come si trasforma il pronome e, dopo avere capito questo, guarderemo la modifica che avremo all'ultima lettera del participio passato che subirà una variazione anche

---

[9] Questa regola si adatta con ogni tipo di verbo composto.

se è accompagnata dal verbo avere che in precedenza abbiamo visto non cambiare.

Ve lo spiego meglio con una tabella:

	Maschile singolare	Femminile singolare	Maschile plurale	Femminile plurale
Pronome	lo ↓	la ↓	li ↓	le ↓
Come Diventa	L' (cade la "o" e usiamo una L con apostrofo)	L' (cade la "o" e usiamo una L con apostrofo)	li (non cambia)	le (non cambia)
Ultima Lettera Participio passato	-o	-a	-i	-e

94

Marco **ha mangiato**
- la pizza?
- il panino?
- le fragole?
- i gelati?

Cerchiamo di rispondere alle domande qui sopra muovendoci, piano piano, nella tabella sopra dopo avere analizzato il genere e il numero del complemento oggetto.

1. Sì, **l'**ha mangiat**a**. (Marco ha mangiato la pizza)

2. No, non **l'**ha mangiat**o**. (Marco non ha mangiato il panino).

3. Sì, **le** ha mangiat**e**. (Marco ha mangiato le fragole).

4. No, non **li** ha mangiat**i**. (Marco non ha mangiato i gelati).

L'IMPERFETTO

Passato	presente	futuro

*passato prossimo indicativo

* presente indicativo

* presente

*imperfetto

Le forme dell'imperfetto

essere	avere	-ARE	-ERE	-IRE*
io ero	avevo	Guard-avo	Vend-evo	Dorm-ivo
Tu eri	avevi	Guard-avi	Vend-evi	Dorm-ivi
Lei, lui, lei era	aveva	Guard-ava	Vend-eva	Dorm-iva
Noi eravamo	avevamo	Guard-avamo	Vend-evamo	Dorm-ivamo
Voi eravate	avevate	Guard-avate	Vend-evate	Dorm-ivate
Loro erano	avevano	Guard-avano	Vend-evano	Dorm-ivano

Principali verbi irregolari al tempo imperfetto:

	fare	dire	bere	tradurre
io	facevo	dicevo	bevevo	traducevo
Tu	facevi	dicevi	bevevi	traducevi
Lei, lui, lei	faceva	diceva	beveva	traduceva
Noi	facevamo	dicevamo	bevevamo	traducevamo
Voi	facevate	dicevate	bevevate	traducevate
Loro	facevano	dicevano	bevevano	traducevano

Il tempo imperfetto è un tempo passato del modo indicativo. Andrà utilizzato in alternativa al passato prossimo. Saper utilizzare bene il tempo imperfetto è fondamentale sia per i livelli A2 – B1 che per tutti i successivi. E' una tipologia di tempo che troviamo nelle cosiddette lingue romanze e cioè l'italiano, il portoghese, lo spagnolo e il francese. Se la vostra madrelingua è una di queste, non avrete particolari problemi di utilizzo. Diverso se la madrelingua è appartenente a un ceppo che poco ha a che fare con le precedenti.

Molti manuali che ho visionato negli anni danno indicazioni sbagliate o effimere riguardo all'imperfetto. Vi faccio un esempio.

Proviamo a trovare il verbo giusto da inserire in questa frase:

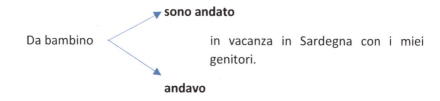

Da bambino

↗ **sono andato**

in vacanza in Sardegna con i miei genitori.

andavo

Ebbene non c'è una risposta univoca per la frase precedente. Sia *sono andato* sia *andavo* sono corretti, dipende il senso che dobbiamo dare alla nostra frase. Eppure in alcuni manuali ho trovato l'indicazione che *usiamo l'imperfetto ogni volta che indichiamo un'azione della nostra infanzia (da bambino/a ...)*. Un'indicazione di questo tipo è sbagliata e può portare in errore.

Vediamo ora bene quali sono le azioni dove è sempre preferibile[10] utilizzare l'imperfetto.

---

[10] La linguistica non è matematica, ci sono sempre molti modi di dire qualcosa e molte sfumature che possiamo dare utilizzando un tempo verbale al posto di un altro. La presente tabella non costituisce la totalità degli utilizzi ma è da consigliare a chi si appresta ad affrontare un esame di certificazione di livello A2, B1 cittadinanza o B2. In altri livelli superiori è possibile affrontare le sfumature linguistiche dovute alla scelta tra passato prossimo e imperfetto anche delle situazioni presenti nella tabella.

USO DELL'IMPERFETTO

1) azione ripetuta o abitudine.

*Da studente **bevevo** un caffè prima delle lezioni.*

*Sono andato in vacanza due settimane a New York e ogni mattina **compravo** un cornetto al bar sotto casa.*

Le due azioni precedenti sono ripetute e abitudinarie indipendentemente dalla loro durata, anni di università o due settimane di vacanza. E' chiaro che queste abitudini specifiche nel momento attuale non esistono più, vuoi perché non sono più studente o non sono più a New York.

2) Descrizione

**FISICA (CORPO,
CAPELLI, STILE DEI
VESTITI)**

ATMOSFERICA

POSTI

SENSAZIONE

SENTIMENTO

**CARATTERISTICHE DI
UN OGGETTO ***

**CARATTERE* DI UNA
PERSONA**

L'imperfetto è il tempo delle descrizioni del passato. Solitamente lo useremo per descrivere noi stessi o altri a livello fisico. *Ieri Maria **era** molto elegante.* Non è importante quanto tempo è passato, possono essere 24 ore o 24 anni. Se descrivo una persona fisicamente, i suoi capelli, il suo corpo o vestiti, solitamente userò l'imperfetto.

*Ieri **pioveva** e ho deciso di restare a casa.* Anche le descrizioni atmosferiche prediligono l'imperfetto.

*Questa estate sono stato a Parigi ed **era** davvero pulita anche **c'era** gente ovunque.* Descriviamo un posto in base ai miei ricordi di un momento specifico e non in generale. Se descrivo in generale lo farò usando il presente.

*L'estate scorsa sono stato in Indonesia e **avevo** sempre freddo nonostante in strada ci fossero 30 gradi.* La fame, sete, sonno, paura eccetera sono delle sensazioni del nostro corpo che vengono preferibilmente indicate con l'imperfetto come nell'esempio.

*Marco nel 2022 **era** depresso.* La differenza tra una sensazione, percepita con il corpo, e un sentimento è che il secondo è uno stato d'animo che possiamo percepire, diciamo, con il cuore. La felicità e la tristezza, la depressione, l'innamorarsi, l'amore e l'odio sono sentimenti e vengono quasi sempre espressi, nel passato, con l'imperfetto.

*Il nonno di Marco **era** sempre disponibile ad aiutare, **era** intelligente e sempre allegro.*

*La mia prima macchina **era** grigia.*

Descrivere il carattere di una persona o le caratteristiche di un oggetto con l'imperfetto implica che la persona che ascolta capisca, nel primo caso, che ci troviamo davanti alla descrizione di una persona morta (*) e nel secondo che l'oggetto in questione non sia più nella mia proprietà. Parlare implica che chi ascolta decodifichi le parole che sente e le interpreti. L'imperfetto dà questa idea di situazione per un mix di altri utilizzi che vedremo in seguito. Certo che è possibile dire *Mario **era** bravo* intendendo che oggi, lo stesso Mario, sia un cattivone. In questo caso va sempre specificato onde dare a pensare che il povero Mario ci abbia lasciati.

3) Azione dall'inizio (da sempre, da molto tempo)

L'imperfetto ci vuole spesso comunicare la conoscenza di un'azione dal suo immediato inizio. Immaginate questo esempio. Andate sempre in palestra e avete creato un gruppo compatto. Improvvisamente si unisce, un giorno, un nuovo personaggio che a voi, già dalla prima conoscenza, non piace. Dopo poco si scopre che qualcuno ha rubato soldi, telefono e quant'altro all'interno dalla palestra e le telecamere mostrano chiaramente che è proprio questo nuovo personaggio. Voi direte " ***Sapevo** che era un ladro!"* L'utilizzo dell'imperfetto qui ha valenza di "da sempre", dall'inizio.

4) Azioni di durata indefinita

Una delle caratteristiche dell'imperfetto è di creare un mix tra azione ripetuta (vista in precedenza) e azione dalla durata indefinita. Frasi come

" Marco leggeva e sua moglie riposava in giardino" non ci danno elementi per capire quanto sono durate queste azioni. Al contrario, e lo vedremo poi, se nella frase ci sono elementi per ancorare l'azione a un tempo definito, è sempre meglio usare il passato prossimo.

5) Azioni nel loro processo

L'imperfetto è il tempo delle azioni nel loro svolgimento. E' parte del passato progressivo nella forma *stare + gerundio* e viene usato sempre dopo la parola *mentre.*

6) Azioni interrotte

L'imperfetto viene utilizzato nei casi in cui l'azione principale viene interrotta da un'altra azione. In questo caso avremo un'azione all'imperfetto e un'azione al passato prossimo.

Es. Quando Luca è arrivato, Marco dormiva.

PASSATO PROSSIMO O IMPERFETTO?

	Imperfetto	Passato prossimo
Azione di una volta – (nel racconto di una storia) Es. Siamo arrivati all'aeroporto, abbiamo preso un caffè e abbiamo fatto il check in.		X
Tempo indefinito Marco leggeva, Maria guardava la tv e Paolo cercava il suo libro di matematica.	X	
Tempo definito Dalle 14.00 alle 16.00 ho aspettato l'autobus.		X
Descrizione	X	
Azione intesa come dall'inizio, da tanto tempo	X	

Sapevo che Marco era un ladro! (Dalla prima volta che l'ho visto)		
Una richiesta – Anche nel senso che è da tempo che vuoi chiedere questa cosa. *" Marco, ti volevo chiedere una cosa: vendi ancora la tua vespa? "*	**X**	

I MODI

Quando parliamo di verbi, non è solo importante relazionare l'azione a un tempo specifico che sia presente, passato o futuro ma è anche importante distinguere il tipo di azioni che, con un modo o un altro, vogliamo caratterizzare. Nella lingua italiana sono sette i modi verbali:

INDICATIVO

CONDIZIONALE

CONGIUNTIVO

IMPERATIVO

GERUNDIO

PARTICIPIO

INFINITO

I diversi modi vengono utilizzati in situazioni diverse, più o meno reali, ipotesi eccetera. I vari modi possono anche essere divisi in "tempi" che, come detto prima, agganciano l'azione al presente, passato o futuro.

IL CONDIZIONALE SEMPLICE

Il condizionale è un modo e un tempo (presente e passato, semplice e composto). Questo sta a significare che il condizionale si discosterà dal modo indicativo che viene solitamente utilizzato per le azioni reali ma, al contrario, useremo in condizionali per dare alcune sfumature linguistiche precise. Ricordiamoci che la lingua è come un programma per computer. Se nel nostro computer il programma non è installato, ogni file che lo richiamerà risulterà illeggibile se, a monte, non c'è nel nostro disco rigido installato il programma. Così è la lingua. Studiare la lingua ci permette di installare qualcosa nel nostro cervello. Ogni input che arriverà dopo verrà in qualche modo decodificato tramite quanto già presente nella nostra testa. Vediamo ora le forme del condizionale semplice e poi le regole del suo utilizzo.

ESSERE	AVERE	-ARE	-ERE	-IRE*
io sarei	avrei	Guard-erei	Vend-erei	Dorm-irei
Tu saresti	avresti	Guard-eresti	Vend-eresti	Dorm-iresti
Lei, lui, lei sarebbe	avrebbe	Guard-erebbe	Vend-erebbe	Dorm-irebbe
Noi saremmo	avremmo	Guard-eremmo	Vend-eremmo	Dorm-iremmo
Voi sareste	avreste	Guard-ereste	Vend-ereste	Dorm-ireste
Loro sarebbero	avrebbero	Guard-erebbero	Vend-erebbero	Dorm-irebbero

<u>*Verbi con il condizionale irregolare[11] :*</u>

- **Verbi che perdono la vocale dell'infinito**

Alcuni verbi perdono la vocale dell'infinito prima di innestare il condizionale. Sto parlando, ad esempio, di alcuni verbi modali oltre che altri:

POTERE ⟶ POTERE ⟶ Potrei, potresti, potrebbe, potremmo, potreste, potrebbero

SAPERE ⟶ SAPERE ⟶ Saprei, sapresti, saprebbe, sapremmo, sapreste, saprebbero

DOVERE ⟶ DOVERE ⟶ Dovrei, dovresti, dovrebbe, dovremmo, dovreste, dovrebbero

ANDARE ⟶ ANDARE ⟶ Andrei, andresti, andrebbe, andremmo, andreste, andrebbero

CADERE ⟶ CADERE ⟶ Cadrei, cadresti, cadrebbe, cadremmo, cadreste, cadrebbero

- **Verbi che perdono la vocale e cambiano la L – N in rr;**

L, N nell'infinito ⟶ rr

---

[11] Schema liberamente tratto dalla grammatica italiana di Guerra Edizioni.

Venire   ven … re ——————▶ Verrei, verresti, verrebbe, verremmo,
verreste, verrebbero

Volere   vol … re ——————▶ Vorrei, vorresti, vorrebbe, vorremmo,
vorreste, vorrebbero

Tenere   ten … re ——————▶ Terrei, terresti, terrebbe, terremmo,
terreste, terrebbero

- *Verbi in – Care / Gare;*

I Verbi in Care e Gare avevano già una irregolarità nel tempo presente modo indicativo. Per reggere una precisa regola fonetica, che vuole un suon morbido in presenza di C/G + i-e, era necessario aggiungere la leggera H per ottenere un suono, al contrario, duro.

Con il modo condizionale è ancora necessario fare questa aggiunta ma non solo nel soggetto Tu e Noi come nell'indicativo bensì in tutte le persone.

Sto parlando di verbi come Pagare, giocare, litigare, cercare, toccare eccetera.

- **Verbi in Ciare – Giare**

I verbi in ciare – giare, come ad esempio mangiare, perdono la lettera "i".

Mangiare ——————▶ Mangerei, mangeresti, mangerebbe, mangeremmo, mangereste, mangerebbero

- **Bere**

Il verbo *bere* è forse l'unico vero irregolare che non sottostà in nessuna categoria.

Berrei, berresti, berrebbe, berremmo, berreste, berrebbero.

!!!Ogni volta che siamo davanti a delle doppie "berremmo" è necessario pronunciare in modo che si sentano.

UTILIZZO DEL CONDIZIONALE

Il modo condizionale, indipendentemente dal tempo presente o passato[12] viene usato in situazioni particolari che lo fanno differire dal modo indicativo.

In quali situazioni è bene usare il condizionale?

- *Desiderio*

Usiamo il condizionale per esprimere un nostro desiderio che, al momento, non è subito realizzabile. Quando con voce sognante dico *"Cambierei macchina, andrei in vacanza, telefonerei alla scuola per dire che non vado"* sono tutti desideri profondi che, al momento, non possono trovare una soddisfazione.

- *Richiesta gentile*

Il condizionale ha sempre un "Se non è un problema" tra le righe. Usare un tempo condizionale per chiedere qualcosa risulterà più gentile che non il solo indicativo[13]. *"Mi prenderesti quella tazza? Chiuderesti la porta? Verresti al lavoro mezz'ora prima domani?* Tutte richieste gentili.

- *Una notizia non sicura*

---

[12] In alcuni testi chiamato Semplice e composto
[13] Ovviamente anche l'indicativo può essere usato per chiedere gentilmente qualcosa se accompagnato da una parola come "per favore, per piacere, grazie" .

Marco tornerebbe a casa a Natale. Questo vuole indicare, e si usa soprattutto nel congiuntivo passato per indicare azioni giornalistiche delle quali c'è presunzione di conoscenza, una non sicurezza.

- *Ipotesi*

L'ipotesi è qui solo accennata in quanto, il periodo ipotetico, è uno degli scogli più importante dei livelli B e C. Ricordiamo che l'ipotesi è sempre fatta di due parti e il condizionale, nel caso di periodo ipotetico della possibilità, è sempre nella seconda parte della costruzione e mai nella prima. Rimandiamo alla pagina del manuale dove viene analizzata l'ipotesi nel dettaglio.

- *Consiglio*

Il consiglio che viene dato a qualcuno con il condizionale è molto soft e leggero, quasi ad avere paura di dire la propria opinione a una persona che, magari, conosciamo poco. Viene di solito premesso da " Io al posto tuo + condizionale".

Es. *Io al posto tuo comprerei un nuovo telefono.*

- *Fare una proposta*

Con il condizionale usiamo spesso il verbo modale Potere.

Es. *Potremmo andare a mangiare una pizza.*

IL CONDIZIONALE COMPOSTO

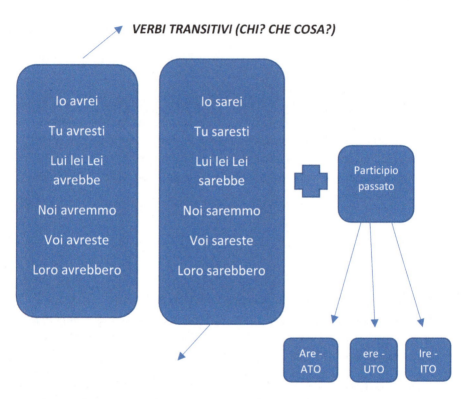

VERBI TRANSITIVI (CHI? CHE COSA?)

Io avrei	Io sarei
Tu avresti	Tu saresti
Lui lei Lei avrebbe	Lui lei Lei sarebbe
Noi avremmo	Noi saremmo
Voi avreste	Voi sareste
Loro avrebbero	Loro sarebbero

Participio passato

Are - ATO   ere - UTO   Ire - ITO

VERBI INTRANSITIVI (ALTRE DOMANDE)

Come il passato prossimo visto prima anche il condizionale passato viene coniugato con due verbi: il verbo essere per i verbi intransitivi ed avere per i verbi transitivi seguiti dal participio passato, regolare e irregolare, dei verbi.

L'utilizzo del condizionale composto è riferito al passato. Oltre quanto già detto prima (desiderio passato, richiesta gentile passata, azione non sicura nel passato) il condizionale composto vuole esprimere un'azione che poteva verificarsi ma, all'ultimo, non si è verificata.

Avremmo potuto prendere l'aereo! (Ma alla fine siamo saliti sul treno).

IL FUTURO SEMPLICE

Il tempo "futuro semplice" all'interno del modo indicativo presenta delle caratteristiche nelle forme e nell'utilizzo. Possiamo dire che il futuro è il tempo gemello del condizionale, visto in precedenza. Tutte le categorie di irregolarietà sono infatti speculari rispetto al futuro. Cambieremo ovviamente le termniazioni dei verbi ma vedrete che le due forme sono molto simili. Possiamo, infatti, prendere per buono lo schema visto in precedenza.

essere	avere	-ARE	-ERE	-IRE*
io sarò	avrò	Guard-**erò**	Vend-**erò**	Dorm-**irò**
Tu sarai	avrai	Guard-erai	Vend-**erai**	Dorm-**irai**
Lei, lui, lei sarà	avrà	Guard-**erà**	Vend-**erà**	Dorm-**irà**
Noi saremo	avremo	Guard-**eremo**	Vend-**eremo**	Dorm-**iremo**
Voi sarete	avrete	Guard-**erete**	Vend-**erete**	Dorm-**irete**
Loro saranno	avranno	Guard-**eranno**	Vend-**eranno**	Dorm-**iranno**

Verbi con il condizionale irregolare[14] :

- **_Verbi che perdono la vocale dell'infinito_**

Alcuni verbi perdono la vocale dell'infinito prima di innestare il condizionale. Sto parlando, ad esempio, di alcuni verbi modali oltre che altri:

POTERE   ⟶   POT~E~RE   ⟶   Potrò, potrai, potrà, potremo, potrete, potranno

SAPERE   ⟶   SAP~E~RE   ⟶   Saprò, saprai, saprà, sapremo, saprete, sapranno

DOVERE   ⟶   DOV~E~RE   ⟶   Dovrò, dovrai, dovrà, dovremo, dovrete, dovranno

ANDARE   ⟶   AND~A~RE   ⟶   Andrò, andrai, andrà, andremo, andrete, andranno

CADERE   ⟶   CAD~E~RE   ⟶   Cadrò, cadrai, cadrà, cadremo, cadrete, cadranno

- **_Verbi che perdono la vocale e cambiano la L – N in rr;_**

L, N nell'infinito   ⟶   rr

---

[14] Schema liberamente tratto dalla grammatica italiana di Guerra Edizioni.

Venire   ven … re ——▶ Verrò, verrai, verrà, verremo, verrete, verranno

Volere   vol … re ——▶ Vorrò, vorrai, vorrà, vorremo, vorrete, vorranno

Tenere   ten … re ——▶ Terrò, terrai, terrà, terremo, terrete, terranno

- *Verbi in – Care / Gare;*

I Verbi in Care e Gare avevano già una irregolarità nel tempo presente modo indicativo oltre che nel condizionale. Per reggere una precisa regola fonetica, che vuole un suon morbido in presenza di C/G + i, e era necessario aggiungere la leggera H per ottenere un suono, al contrario, duro.

Sia con il modo condizionale sia con il tempo futuro è ancora necessario fare questa aggiunta ma non solo nel soggetto Tu e Noi come nell'indicativo bensì in tutte le persone.

Sto parlando di verbi come Pagare, giocare, litigare, cercare, toccare eccetera.

Es. Giocherò, giocherai, giocherà, giocheremo, giocherete, giocheranno

Cercherò, cercherai, cercherà, cercheremo, cercherete, cercheranno

- **Verbi in Ciare – Giare**

I verbi in ciare – giare, come ad esempio mangiare, perdono la lettera "i".

Mangiare   ⟶   Mangerò, mangerai, mangerà, mangeremo, mangerete, mangeranno

- **Bere**

Il verbo *bere* è forse l'unico vero irregolare che non sottostà in nessuna categoria.

Berrò, berrai, berrà, berremo, berrete, berranno.

UTILIZZO DEL FUTURO SEMPLICE

- **Azione futura**

Il tempo Futuro nel modo indicativo viene utilizzato ovviamente per esprimere un'azione futura non ancora compiuta. In questo caso possiamo dire che è un'alternativa al presente con idea di futuro, specialmente nella lingua parlata. Il futuro esprime però un progetto già deciso in modo forse più netto e forte.

Il prossimo anno **andrò** in America. (progetto già deciso dal soggetto).

- **Supposizione**

Importante modo di utilizzo del futuro, lontano dalle azioni future, è la supposizione. Per poter capire bene cos'è una supposizione bisogna distinguerla dall'ipotesi che può confondere lo studente anche se fa riferimento a situazioni diverse.

Cercherò in questa tabella di spiegare le differenze.

IPOTESI	SUPPOSIZIONE
• Fa riferimento a una situazione probabile ma non certa.	• Con il futuro semplice fa riferimento al momento presente in un tentativo di indovinare una situazione che non conosciamo
• E' divisa in almeno due passaggi: se ...1... allora ...2...	• Viene espressa direttamente con il futuro semplice

Immaginiamo un'ipotesti relativa a una situazione possibile che potrebbe anche non presentarsi.

Se il capo non mi dà le ferie, rimango a casa.

1 ——————————▶ 2

Marco oggi non è venuto in ufficio.

Marco adesso dormirà. ——▶ 1

Questa è una mia supposizione, io immagino che marco al momento dorma a casa e per questo non è in ufficio.

L'IMPERATIVO

L'imperativo è un modo usato in alcune situazioni particolari. Non ha una forma passata, l'unico modo di usarlo al passato è all'interno di un dialogo, in una forma scritta esclusivamente tra virgolette " ". Es. Quando siamo entrati e abbiamo visto il fumo gli ho detto *"Corri, Scappa!"*.

A seconda del registro (formale o informale) troviamo due forme di imperativo: imperativo diretto, quando diamo del *tu* e indiretto quando diamo del *Lei*.

L'imperativo viene solitamente utilizzato per alcune particolari situazioni come:

- *Dare un consiglio*; a differenza del condizionale, visto in precedenza, l'imperativo viene usato per dare un consiglio più forte che, magari, denota una confidenza maggiore tra gli attori del dialogo.
  "Cambia telefono! Non vedi che non funziona più? – Non hai visto l'ultimo film di Spielberg? *Vai* subito al cinema! "

- **Chiamare l'attenzione**: Sia in modo formale che informale, usiamo chiamare l'attenzione di qualcuno-a con l'imperativo. *"Scusi! – Scusa!"* sono classici esempi.

- **Dare ordini o istruzioni**: L'imperativo viene usato sia per dare ordini *"Hai la febbre? Torna subito a casa!"* o per dare istruzioni. Se avete comprato un mobile da Ikea troverete, all'interno della confezione, le istruzioni che vi indicheranno, passo passo, come montare il mobile grazie a istruzioni scritte con l'imperativo.

*"**Prendi** il pezzo A e **inseriscilo** nel pezzo B. Ora **stringi** la vite, **gira** sul lato F etc"*.

- **Dare indicazioni**: Se qualcuno in strada vi chiede "Dov'è Piazza Roma? "voi con sicurezza gli direte, sia con il Lei sia con il Tu, *"**Vai** dritto, **gira** a destra e poi alla prima rotonda **prosegui** e **attraversa** la piazza. "*

IMPERATIVO DIRETTO

L'imperativo diretto è usato in un registro colloquiale, ha tre soggetti: tu, noi e voi. Come tutti i modi presenta delle forme verbali regolari e irregolari oltre che i verbi ausiliari essere e avere.

Imperativo verbi ausiliari

	Essere	Avere
Tu	sii	abbi
Noi	siamo	abbiamo
Voi	siate	abbiate

Imperativo diretto regolare

	-are	-ere	-ire
tu	Guard-a!	Vend-i!	Dormi – costruisci!
noi	Guard-iamo!	Vend-iamo!	Dorm-iamo! Costru-iamo!
voi	Guard-ate!	Vend-ete!	Dorm-ite! Costru-ite!

La presenza di un punto esclamativo (!) non è a caso. L'imperativo, proprio per il suo utilizzo che vedremo dopo avere studiato le forme, necessita di un'intonazione forte proprio per contrastare il dubbio di trovarci davanti a una forma indicativo presente che, come si nota dalla tabella, in alcune forme è identica e differirà solamente dall'intonazione.

Imperativo diretto irregolare:

L'imperativo diretto regolare riguarda i seguenti verbi :

ANDARE

FARE

STARE

DIRE

DARE

Alcune forme irregolari possono essere doppie, vengono usate insieme, senza particolari preferenze.

	andare	fare	stare	dire	dare
tu	Va – vai !	Fa – fai !	Sta – stai !	Dì !	Da – dai !
noi	Andiamo!	Facciamo!	Stiamo !	Diciamo!	Diamo!
voi	Andate!	Fate!	State!	Dite!	Date!

Imperativo diretto positivo e negativo

L'imperativo può essere usato in modo positivo (ordinare, consigliare, dare istruzioni) sul fare qualcosa, o negativo, non fare questa azione.

C'è una regola da ricordare qualora il soggetto della nostra frase sia "Tu".

Con tu infatti faremo il negativo con NON + INFINITO.

	-are	-ere	-ire
tu	Non guard-are!	Non vend-ere!	Non dormire! Non costruire!
noi	Non guard-iamo!	Non vend-iamo!	Non dorm-iamo! Non ostru-iamo!
voi	Non guard-ate!	Non vend-ete!	Nno dorm-ite! Non costru-ite!

IMPERATIVO DIRETTO E PRONOMI

Come abbiamo visto in precedenza, i pronomi, si scrivono solitamente prima del verbo. L'imperativo è una dei quelle eccezioni dove, per avere proprio una differenza con la forma presente che come abbiamo visto spesso condivide le forme, inseriremo i pronomi **dopo** il verbo.

Indicativo : Il film, lo guardi? (lo si riferisce al film ed è prima del verbo.)

Imperativo: Il film? Guardalo! Ecco il pronome dopo il verbo con il quale forma una parola sola.

	-il film	-la macchina	-le case
tu	guardalo!	Vendila!	Costruiscile!
noi	Guardiamolo!	Vendiamola!	Costruiamole!
voi	Guardatelo!	Vendetela!	Costruitele!

Nel caso del soggetto *tu* e frase negativa, quando c'è un pronome avremo due possibilità:

Prima del vero: il film : Non lo guardare!

Dopo il verbo: Il film : non guardarlo !

Abbiamo visto che l'imperativo, quando il soggetto è *tu,* presenta delle irregolarità in presenza di questi verbi:

ANDARE

FARE

STARE

DIRE

DARE

Anche nel caso in cui la frase presentasse dei pronomi dobbiamo muoverci secondo la tabella per non correre il rischio di fare errori grammaticali.

Muoviamoci seguendo questi passi:

1. Dove abbiamo una scelta tra l'imperativo, scegliamo sempre la forma del verbo più corta. Ad esempio *va'* e *vai*, sceglieremo la prima.

2. Cerchiamo di capire esattamente qual è il pronome che dobbiamo usare che sia un pronome diretto (oggetto diretto, risponde alla domanda *Chi? Che cosa?*) indiretto (risponde alla domanda *a chi? A che cosa?*) locativo (risponde alla domanda *dove?*) eccetera.

3. il pronome è sempre fatto di una vocale una consonante.

Va - v + a

Lo - l + o

Ci – c + i

Eccetera. Prendiamo ogni consonante e immaginiamo di fare +1, cioè la consonante verrà duplicata.

Scelgo la forma del verbo breve	+ una vocale del pronome	pronome	
andare - Va – vai va dare Da- dai da dire ⟶ di	+ c +m +l	Ci Mi le	Vacci dammi dille

Risultato: Al mare? **Vacci** da solo!

IMPERATIVO INDIRETTO (FORMALE)

L'imperativo indiretto viene usato nelle stesse situazioni viste con l'imperativo diretto con la sola differenza che il registro usato è formale, le persone si danno del Lei.

L'unico soggetto che analizzeremo è, pertanto, "Lei".

	-are	-ere	-ire
Lei	Guard-i!	Vend-a!	Dorma – costruisca!

Nell'imperativo diretto negativo non cambia nulla:

	-are	-ere	-ire
Lei	Non guard-i	Non vend-a!	Non dorma - Non costruisca!

Come vedremo poi, le forme dell'imperativo indiretto seguono esattamente le forme del congiuntivo.

Cosa succede con una frase dove è presente un pronome e un imperativo diretto? Anche in questo caso restiamo nel campo della regola generale, non ci sono modifiche particolari. Metteremo il pronome prima del verbo come sempre.

Imperativo indiretto + pronomi : pronome dopo il verbo !

- Il film? **Guardalo**! E' bellissimo. (consiglio)

128

Imperativo diretto + pronomi : pronome prima del verbo

- Il film? **Lo** guardi! E' bellissimo. (Consiglio).

L'imperativo indiretto presenta una base comune con il congiuntivo presente, che vedremo dopo, per quanto riguarda i verbi irregolari.

All'imperativo verrà considerato solo il soggetto "Lei" quindi per quanto riguarda le irregolarità del congiuntivo si consiglia di leggere dopo.

Fare – faccia

Dire – dica

Andare – vada

Dare – dia

Stare - stia

IL CONGIUNTIVO

Il congiuntivo è il modo che spaventa di più gli studenti della lingua italiana all'estero. Molti credono che sia un qualcosa di strano e magico e per questo da temere. In realtà il congiuntivo risponde a regole più o meno precise che, una volta memorizzate, non dovrebbero dare spazio a dubbi. L'unico problema è il contatto con tanti madrelingua che, nella lingua parlata, sono influenzati da modi di parlare poco corretti, forme dialettali e automatismi che creano un italiano sporco che non risponde alle regole della grammatica. Alla fine il problema è tutto qui: anche le persone con cultura, sedute al pub con gli amici e una birra in mano, scivolano in discorsi senza congiuntivo.

Sulla rete sono anche tante le discussioni su chi abbia ragione: doveva usare il congiuntivo e quindi è un ignorante, o ha fatto bene a non usarlo? Ecco, io cercherò qui di mostrare le situazioni più importanti dove il congiuntivo va usato e dove i dubbi sono ben pochi.

Attenzione! Imparare a usare il congiuntivo nel modo che vedremo può dare un aiuto concreto al superamento degli esami di livelli B e C! Il mio consiglio è di studiare bene le frasi dove il congiuntivo è obbligato di modo da abituarsi a inserirlo a forza sia nello scritto, sia nell'orale. Darete in questo modo l'idea agli esaminatori di esservi messi alla prova con un modo verbale non facile che spaventa tutti. Fate di necessità virtù!

Prima di iniziare ad analizzare il congiuntivo, leggiamo queste frasi.

Paolo legge un libro.

Marco ha regalato a Paolo un libro.

Immaginando che queste frasi siano collegate abbiamo la scelta, quando scriviamo, di fare due piccole frasi distinte o una frase unica.

Paolo legge un libro **che** gli ha regalato Marco.

In questa frase troviamo, leggermente riformate, entrambe le frasi precedenti.

Paolo legge un libro che gli ha regalato Marco.

Frase principale   frase secondaria (dipende dalla principale)

Queste due frasi sono unite da una parola che chiameremo *congiunzione:* Che.

Questo è importante in quanto in una grande maggioranza di casi il congiuntivo verrà proprio usato in una frase secondaria dopo la congiunzione "che". Ricordarlo ci aiuterà a capire che, forse, dobbiamo usare il congiuntivo e non l'indicativo visto in precedenza. Infatti è proprio qui il punto: indicativo o congiuntivo? Perché nelle mie frasi precedenti uso l'indicativo? Solo perché questo tipo di frase non è una frase che vuole il congiuntivo. Il congiuntivo è un modo he viene usato nelle situazioni diverse da quelle reali.

Prima di preoccuparci dell'utilizzo del congiuntivo dobbiamo studiarne bene le forme con l'aggiunta della parola *che* per aiutare lo studente a identificare le situazioni da congiuntivo.

Il congiuntivo essendo un modo, ha diversi tempi: presente, passato, imperfetto e trapassato. Iniziamo ad analizzare il congiuntivo presente regolare:

essere	avere	-ARE	-ERE	-IRE*
Che io sia	abbia	Guard-i	Vend-a	Dorm-a
Che Tu sia	abbia	Guard-i	Vend-a	Dorm-a
Che Lei, lui, lei sia	abbia	Guard-i	Vend-a	Dorm-a
Che Noi siamo	abbiamo	Guard-iamo	Vend-iamo	Dorm-iamo
Che Voi siate	abbiate	Guard-iate	Vend-iate	Dorm-iate
Che Loro siano	abbiano	Guard-ino	Vend-ano	Dorm-ano

Attenzione! Notato niente di particolare?

- **Io, tu, Lei, lui, lei sono sempre uguali nel congiuntivo presente!**
- **Noi – è sempre uguale all'indicativo che già conosciamo**

Ecco le principali situazioni di utilizzo del congiuntivo. L'utilizzo sarà a prescindere dal tempo del nostro congiuntivo che è presente (e anche con idea di futuro), passato, imperfetto e trapassato. Troviamo nel congiuntivo sia tempi semplici (un verbo), sia composti (2 verbi).

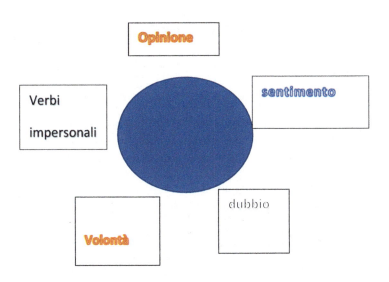

Opinione

Verbi impersonali

sentimento

dubbio

Volontà

133

CONGIUNTIVO PRESENTE IRREGOLARE

Sono molti i verbi che presentano una forma irregolare al tempo presente. Li raggrupperò in una tabella di modo da avere una consultazione più facile. Resteranno fermi i nostri capisaldi:

1. le prime tre persone uguali

2. "noi" come il presente indicativo

Le forme

	fare	dare	dïre	venire
Che io	faccia	dia	dica	venga
Che tu	faccia	dia	dica	venga
Che Lei, lui, lei	faccia	dia	dica	venga
Che noi	facciamo	diamo	diciamo	veniamo
Che voi	facciate	diate	diciate	veniate
Che loro	facciano	diano	dicano	vengano

	stare	tenere	rimanere	venire
Che io	stia	tenga	rimanga	venga
Che tu	stia	tenga	rimanga	venga
Che Lei, lui lei	stia	tenga	rimanga	venga
Che noi	stiamo	teniamo	rimaniamo	veniamo
Che voi	stiate	teniate	rimaniate	veniate
Che loro	stiano	tengano	rimangano	vengano

	salire	spegnere	uscire	proporre
Che io	salga	spenga	esca	proponga
Che tu	salga	spenga	esca	proponga
Che Lei, lui lei	salga	spenga	esca	proponga
Che noi	saliamo	spegniamo	usciamo	proponiamo
Che voi	saliate	spegniate	usciate	proponiate
Che loro	salgano	spengano	escano	propongano

	tradurre	scegliere	togliere	
Che io	traduca	scelga	tolga	
Che tu	traduca	scelga	tolga	
Che Lei, lui lei	traduca	scelga	tolga	
Che noi	traduciamo	scegliamo	togliamo	
Che voi	traduciate	scegliate	togliate	
Che loro	traducano	scelgano	tolgano	

VERBI MODALI

	potere	volere	dovere	sapere
Che io	possa	voglia	debba	sappia
che u	possa	voglia	debba	sappia
Che lui- lei- Lei	possa	voglia	debba	sappia
Che noi	possiamo	vogliamo	dobbiamo	sappiamo
Che voi	possiate	vogliate	dobbiate	sappiate
Che loro	possano	vogliano	debbano	sappiano

CONGIUNTIVO PASSATO

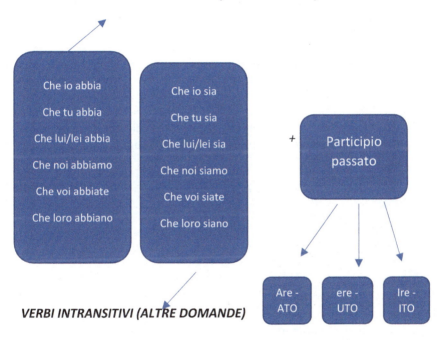

VERBI TRANSITIVI (CHI? CHE COSA?)

Che io abbia
Che tu abbia
Che lui/lei abbia
Che noi abbiamo
Che voi abbiate
Che loro abbiano

Che io sia
Che tu sia
Che lui/lei sia
Che noi siamo
Che voi siate
Che loro siano

+ Participio passato

Are - ATO

ere - UTO

Ire - ITO

VERBI INTRANSITIVI (ALTRE DOMANDE)

Come possiamo vedere lo schema del congiuntivo passato è identico a quello usato, a suo tempo, per il passato prossimo del modo indicativo. Anche useremo la stessa differenza tra verbo avere ed essere.

Ricordiamo che usiamo il verbo essere principalmente per:

1. **verbi di movimento:** Andare, venire, tornare, salire, scendere, partire, passare, arrivare ecc. *(Eccezioni: passeggiare, camminare, viaggiare)*

2. **Verbi di stato:** essere, stare, rimanere

3. **Verbi di cambiamento:** ingrassare, dimagrire, cambiare, diventare, invecchiare, ringiovanire, crescere ecc.

4. **Verbi impersonali:** piacere, mancare etc.

5.**Verbi riflessivi:** svegliarsi, alzarsi, lavarsi, asciugarsi, farsi, vestirsi etc

Il congiuntivo passato può essere usato con un'azione principale al tempo presente o passato. Vediamo in che senso.

Immaginiamo che siamo preoccupati che il nostro amico Marco, di solito puntuale, non abbia sentito la sveglia e abbia quindi dimenticato il nostro appuntamento.

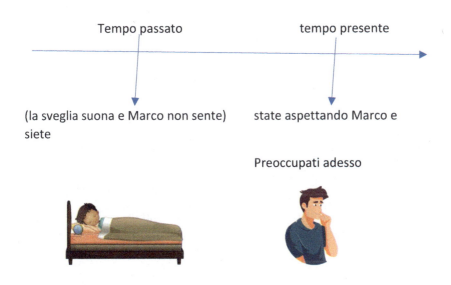

Tempo passato

tempo presente

(la sveglia suona e Marco non sente) siete

state aspettando Marco e

Preoccupati adesso

Il sentimento di paura che abbiamo nel momento presente si rivolge però a un momento passato. Per essere puntuale alle 8.00 all'ora del nostro incontro Marco avrebbe dovuto, infatti, sentire la sveglia alle ore 7.00. Il fatto che non l'abbia sentita si riferisce a un momento passato. E' pertanto corretto dire

Ho paura che ... - Verbo di sentimento, collegato al momento (passato) dove Marco non sente la sveglia.

Ho paura che (adesso, ore 8.00) Marco non **abbia sentito** la sveglia (passato, ore 7.00).

CONGIUNTIVO IMPERFETTO

essere	avere	-ARE	-ERE	-IRE*
Che io fossi	avessi	Guard-assi	Vend-essi	Dorm-issi
Che Tu fossi	avessi	Guard-assi	Vend-essi	Dorm-issi
Che Lei, lui, lei fosse	avesse	Guard-asse	Vend-esse	Dorm-isse
Che Noi fossimo	avessimo	Guard-assimo	Vend-essimo	Dorm-issimo
Che Voi foste	aveste	Guard-aste	Vend-este	Dorm-iste
Che Loro fossero	avessero	Guard-assero	Vend-essero	Dorm-issero

Noti qualcosa di strano?

I soggetti "io e tu" sono sempre uguali!

Alcune influenze dialettali portano nella lingua errori tipici, alcuni dei quali riguardano i verbi "dare" e "stare".

dare	stare
Che io dessi	stessi
Che tu dessi	stessi
Che lui desse	stesse
Che noi dessimo	stessimo
Che voi deste	steste
Che loro dessero	stessero

Altri verbi irregolari al congiuntivo imperfetto

bere	dire	fare	porre	trarre
Che io bevessi	dicessi	facessi	ponessi	traessi
Che Tu bevessi	dicessi	facessi	ponessi	traessi
Che Lei, lui, lei bevesse	dicesse	facesse	ponesse	traesse
Che Noi bevessimo	dicessimo	facessimo	ponessimo	traessimo
Che Voi beveste	diceste	faceste	poneste	traeste
Che Loro bevessero	dicessero	facessero	ponessero	traessero

Come possiamo usare il congiuntivo imperfetto?

Il congiuntivo imperfetto si utilizza in una frase secondaria, come visto prima, quando la frase iniziale è all'imperfetto.

Pensavo che ...

Credevo che ...

Volevo che ...

Tutte queste espressioni daranno vita a una frase secondaria con congiuntivo imperfetto.

Pensavo che Marco fosse in Asia.

Credevo che la pasta bastasse per tutti.

Volevo che i bambini fossero felici.

Nella lingua parlata è facile sentire la frase secondaria completata con un indicativo imperfetto.

Pensavo che Marco *era* in Asia.

Credevo che la pasta **bastava** per tutti

Volevo che i bambini **erano** felici.

Per quanto abbiamo detto prima sull'utilizzo improprio del modo indicativo in una frase di volontà, opinione, dubbio ecc. Questo uso è da considerarsi improprio ed è altamente sconsigliato in sede di esame.

Un'altra situazione tipica di utilizzo del congiuntivo imperfetto è dopo la locuzione " come se"

Ogni volta che in una frase userò " come se " questa locuzione deve avere al seguito un congiuntivo imperfetto.

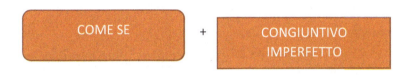

Marco parla come se **sapesse** già tutto.

I bambini giocano la partita come se **fossero** ai mondiali.

Si atteggia con Maria come se **fossero** sposati.

IL PERIODO IPOTETICO

Il periodo ipotetico è la frase che contiene un'ipotesi. Come abbiamo già visto per poter costruire un'ipotesi abbiamo bisogno di due passaggi[15].

Se   Situazione 1   allora   situazione 2

Questa è la struttura della nostra frase con ipotesi. Esistono tre tipi di ipotesi in base alla percentuale di possibilità che l'evento ipotetico si verifichi. Una cosa che spiego sempre ai miei studenti è che questa possibilità non è una caratteristica empirica e verificabile ma varia a seconda del soggetto. Ogni soggetto ha una sua valutazione della possibilità che un fatto si verifichi o meno. Un soggetto ricchissimo che ha milioni e milioni di euro, case, ville, yacht, Ferrari e può acquistare tutto ciò che vuole, valuterà l'ipotesi di perdere tutto e trovarsi senza niente come sì possibile, ma altamente improbabile. Al contrario un soggetto che lavora come operaio e ha una vita umile, non ha casa ma è in affitto, non ha la macchina ma ha uno scooter usato sempre rotto, vedrà questa possibilità come molto più possibile. La possibilità o meno che si verifichi un evento dipende molto dalla concezione che ha il soggetto dell'evento stesso.

---

[15] Le forme complesse come il congiuntivo non vengono mai affrontate nei manuali di livello A. Per evitare che lo studente formuli in modo scorretto delle frasi ipotetiche, al momento dello studio del condizionale, viene spesso data la situazione di modo da spezzare l'ipotesi da 2 passaggi a 1. Esempio: "Sei in campeggio e piove tutto il giorno". Questa è la situazione. Cosa fai? Lo studente non avrà bisogno di formulare la frase SE 1 ALLORA – 2, in quanto il fatto di essere in campeggio viene già proposto come elemento dato. Si potrà quindi passare alla fase due facendo le ipotesi. Sei in campeggio e piove tutto il tempo. Cosa faresti? Tornerei a casa.

Le ipotesi vengono divise in 3 blocchi e le regole di formazione della frase sono fisse. Studiare bene queste regole ed eventualmente inserire una frase ipotetica in un testo di esame, può fare la differenza nella correzione.

1. Frase ipotetica della realtà

Se + **Presente indicativo / Futuro semplice** allora + **Presente indicativo / Futuro semplice**

E' un evento che il soggetto percepisce come altamente probabile e da mettere in conto.

Il nostro soggetto povero con un lavoro precario potrà ovviamente dire:

Se **perderò** il lavoro **andrò** a vivere sotto un ponte.

Se domenica **piove** , **resto** in hotel.

2. Frase ipotetica della possibilità

Molte grammatiche chiamano il periodo ipotetico di secondo grado "della possibilità". Gli studenti non devono però essere confusi da questa denominazione, come detto prima la scelta di utilizzare il primo o il secondo grado è puramente soggettiva. La stessa identica situazione può essere espressa sia con un'ipotesi di primo grado sia di secondo. Nel secondo grado il soggetto vede la situazione come teoricamente possibile ma altamente improbabile.

Immaginiamo la stessa situazione di perdere tutti i soldi e non riuscire più a pagare l'affitto. Il nostro esempio milionario, probabilmente, formulerà la frase non con un'ipotesi di primo grado (vista prima) ma di secondo. Nessuno può escludere il fatto che si possano perdere tutti i soldi ma, avendo milioni, case, auto ecc. è altamente improbabile restare a zero.

L'ipotesi della possibilità viene quindi costruita così :

Se +   Congiuntivo imperfetto   **allora**   condizionale semplice

Esempio:

Se **perdessi** tutti i soldi, **dormirei** sotto un ponte.

L'esempio della pioggia la domenica può diventare di secondo tipo se il nostro soggetto va in vacanza in un paradiso tropicale dove la pioggia è davvero un evento eccezionale.

Se domenica **piovesse**, **resterei** in albergo.

3. Frase ipotetica dell'impossibilità

Il terzo tipo di frase ipotetica è quella impossibile in quanto guarda a un evento passato e già sappiamo come si sono svolte le cose. Fare un'ipotesi sul passato che già conosciamo è impossibile in quanto non si può tornare indietro.

Se + Congiuntivo trapassato allora + condizionale composto

Un'ipotesi ricorrente è quella di dire Se + vincere alla lotteria. Molto spesso la persona non ha neanche giocato eppure ama fare questo tipo di ipotesi. Immaginiamo che un adulto voglia fare un'ipotesi relativa al suo passato quando era studente. Lui/lei già sa che non ha mai vinto alla lotteria e pertanto questa ipotesi è puramente fantasiosa. La costruiremo con un periodo ipotetico dell'impossibilità proprio per questo motivo.

Se da studente **avessi vinto** alla lotteria, **avrei comprato** una casa in centro.

Se in vacanza **avesse piovuto, sarei rimasto** in hotel.

IL PASSATO REMOTO

Il passato remoto è, come dice il nome, un tempo passato che presenta alcune particolarità di utilizzo. Dobbiamo distinguere la lingua parlata dalla lingua scritta, o comunque la lingua colta dalla lingua giornaliera. E' indubbio che anche il più grande letterato modifichi il suo modo di parlare se si trova a una conferenza di intellettuali o al bar del paese dove è tornato a salutare vecchi amici e conoscenti.

Il passato remoto si inserisce in questa dinamica di utilizzo particolare.

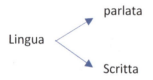

Lingua — parlata / Scritta

Molti studenti, messi davanti alla differenza di utilizzo del passato remoto nelle varie zone d'Italia, tirano un sospiro di sollievo se frequentano le zone dove, il passato remoto, non è di uso comune.

"Che bello, così non devo studiarlo", dicono.

Ebbene io, da insegnante, sono costretto a spegnere subito questo entusiasmo perché anche se è vero che nella strada, in alcune zone d'Italia, è impossibile sentire il passato remoto, è altresì vero che basterà provare a leggere un qualsiasi libro, romanzo, giornale per trovarlo subito. L'utilizzo del passato remoto nella lingua scritta è di uso comune in tutta l'Italia e perciò va studiato e conosciuto dagli studenti.

La prima domanda che dobbiamo porci è:

- **In quali situazioni si utilizza il Passato remoto?**

Il passato remoto si utilizza in tutte quelle situazioni passate che non hanno nessun riferimento con il presente. Sono fatti storici o, in alcune zone d'Italia, situazioni lontane dal momento presente.

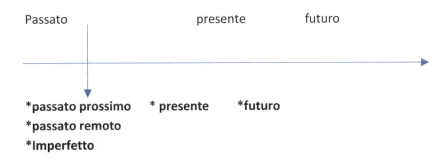

Passato   presente   futuro

*passato prossimo   * presente   *futuro
*passato remoto
*Imperfetto

Nella nostra linea del tempo possiamo inserire il "passato remoto" tra i tempi del passato.

- **In quali zone d'Italia il passato remoto è di uso comune?**

Secondo l'autorevole casa editrice Zanichelli, il passato remoto è usato spesso nella lingua comune nel sud e centro Italia.

- **Come è sostituito il Passato remoto nel nord Italia?**

Nella lingua parlata è raro sentire usare il passato remoto nel Nord Italia tanto che, visti le tante forme irregolari, è quasi sconosciuto agli italiani. In TV ci sono molti giochi che chiedono, ai concorrenti, il "passato remoto" di verbi non di uso comune e molto spesso gli stessi concorrenti, pur essendo italiani, ignorano la risposta.

Nella vita di tutti i giorni (lingua parlata) il passato remoto è sostituito con il Passato prossimo, presente su questo manuale.

Come sempre dobbiamo dividere il nostro Passato remoto in:

Verbi ausiliari

Verbi regolari

Verbi irregolari

Passato remoto

Caratteristiche

- Presenza di doppie forme;
- Molti irregolari specialmente nella seconda coniugazione (ere)

VERBI AUSILIARI

	ESSERE	AVERE
Io	fui	ebbi
tu	fosti	avesti
Lui, lei, Lei	fu	ebbe
Noi	fummo	avemmo
Voi	foste	aveste
Loro	furono	ebbero

VERBI REGOLARI

	ARE	ERE	IRE
Io	Guard-**ai**	Vend-**ei / etti**	Dorm-**ii**
Tu	Guard-**asti**	Vend-**esti**	Dorm-**isti**
Lui, Lei, lei	Guard-**ò**	Vend-**è / ette**	Dorm-**ì**
noi	Guard-**ammo**	Vend-**emmo**	Dorm-**immo**
voi	Guard-**aste**	Vend-**este**	Dorm-**iste**
loro	Guard-**arono**	Vend-**erono/ettero**	Dorm-**irono**

Il problema del passato remoto è che si inserisce in un momento in cui lo studente già parla e capisce mettendolo davanti, ancora una volta, a numerose forme verbali da memorizzare. Purtroppo è fondamentale imparare il passato remoto per avere un'ottima padronanza della lettura e della lingua scritta. La maggior parte delle forme irregolari le troviamo nella seconda coniugazione *"ere"*.

ACCADERE	ACCENDERE	ACCOGLIERE	AGGIUNGERE
	Accesi	Accolsi	Aggiunsi
	Accendesti	Accogliesti	Aggiungesti
Accadde	Accese	Accolse	Aggiunse
	Accendemmo	Accogliemmo	Aggiungemmo
accaddero	Accendeste	Accoglieste	Aggiungeste
	accesero	accolsero	aggiunsero
AMMETTERE	**APPARTENERE**	**APPENDERE**	**APPRENDERE**
Ammisi	Appartenni	Appesi	Appresi
Ammettesti	Appartenesti	Appendesti	Apprendesti
Ammise	Appartenne	Appese	Apprese
Ammettemmo	Appartenemmo	Appendemmo	Apprendemmo
Ammetteste	Apparteneste	Appendeste	Apprendeste
ammisero	appartennero	appesero	appresero
ASSUMERE	**ATTENDERE**	**AVVENIRE**	**BERE**
Assunsi	Attesi		Bevvi
Assumesti	Attendesti		Bevesti
Assunse	Attese	Avvenne	Bevve
Assumemmo	Attendemmo		Bevemmo
Assumeste	Attendeste	avvennero	Beveste
assunsero	attesero		bevvero

COMPARIRE	COMPIERE	COMPORRE	COMPRENDERE
Comparii (-arsi-arvi)	Compii	Composi	Compresi
Comparisti	Compisti	Componesti	Comprendesti
Comparì (arse, arve)	Compì	Compose	Comprese
Comparimmo	Compimmo	Componemmo	Comprendemmo
Compariste	Compiste	Componeste	Comprendeste
Comparino (arsero, arvero)	compirono	composero	comprese

CADERE	CHIEDERE	CHIUDERE	COGLIERE
Caddi	Chiesi	Chiusi	Colsi
Cadesti	Chiedesti	Chiudesti	Cogliesti
Cadde	Chiese	Chiuse	Colse
Cademmo	Chiedemmo	Chiudemmo	Cogliemmo
Cadeste	Chiedeste	Chiudeste	Coglieste
caddero	chiesero	chiusero	colsero

CONCEDERE	CONCLUDERE	CONDURRE	CONFONDERE
Compii	Conclusi	Codussi	Confusi
Compisti	Concludesti	Conducesti	Confondesti
Compì	Concluse	Condusse	Confuse
Compimmo	Concludemmo	Conducemmo	Confondemmo
Compiste	Concludeste	Conduceste	Confondeste
compirono	conclusero	condussero	confusero
CONOSCERE	**CONVENIRE**	**CONVINCERE**	**CORREGGERE**
Conobbi	Convenni	Convinsi	Corressi
Conoscesti	Convenisti	Convincesti	Correggessi
Conobbe	Convenne	Convinse	Corresse
Conoscemmo	Convenimmo	Convincemmo	Correggemmo
Conosceste	Conveniste	Convinceste	Correggeste
conobbero	convennero	convinsero	corressero
CORRERE	**CORROMPERE**	**COSTRINGERE**	**CRESCERE**
Corsi	Corruppi	Costrinsi	Crebbi
Corresti	Corrompesti	Costringesti	Crescesti
Corse	Corruppe	Costrinse	Crebbe
Corremmo	Corrompemmo	Costringemmo	Crescemmo
Correste	Corrompeste	Costringeste	Cresceste
corsero	corruppero	costrinsero	crebbero

154

DESCRIVERE	DIFENDERE	DIFFONDERE	DIPENDERE
Descrissi	Difesi	Diffusi	Dipesi
Descrivesti	Difendesti	Diffondesti	Dipendesti
Descrisse	Difese	Diffuse	Dipese
Descrivemmo	Difendemmo	Diffondemmo	Dipendemmo
Descriveste	Difendeste	Diffondeste	Dipendeste
descrissero	difesero	diffusero	dipesero
DIPINGERE	**DIRE**	**DIRIGERE**	**DISCUTERE**
Dipinsi	Dissi	diressi	Discussi
Dipingesti	Dicesti	Dirigesti	Discutesti
Dipinse	Disse	diresse	Discusse
Dipingemmo	Dicemmo	Dirigemmo	Discutemmo
Dipingeste	Diceste	Dirigeste	Discuteste
dipinsero	dissero	diressero	discussero
DISPIACERE	**DISPORRE**	**DISTINGUERE**	**DISTRUGGERE**
	Disposi	Distinsi	Distrussi
DISPIACQUE	Disponesti	Distinguesti	Distruggesti
	Dispose	Distinse	Distrusse
	Disponemmo	Distinguemmo	Distruggemmo
	Disponeste	Distingueste	Distruggeste
	disposero	distinsero	distrussero

DIVIDERE	ECCELLERE	ELEGGERE	EMERGERE
Divisi	Eccelsi eccellesti	Elessi	Emersi
Dividesti	Eccelse	Eleggesti	Emergesti
Divise	Eccellemmo	Elesse	Emerse
Dividemmo	Eccelleste	Eleggemmo	Emergemmo
Divideste	eccelsero	Eleggeste	Emergeste
divisero		elessero	emersero
ESCLUDERE	**ESPORRE**	**ESPRIMERE**	**PRODURRE**
Esclusi	Esposi	Espressi	Produssi
escludesti	Esponesti	Esprimesti	Producesti
escluse	Espose	Espresse	Produsse
escludemmo	Esponemmo	Esprimemmo	Producemmo
escludeste	Esponeste	Esprimeste	Produceste
esclusero	esposero	espressero	produssero
PROMETTERE	**PROMUOVERE**	**PROPORRE**	**RACCOGLIERE**
Promisi	Promossi	Proposi	Raccolsi
Promettesti	Promovesti	Proponesti	Raccogliesti
Promise	Promosse	Propose	Raccolse
Promettemmo	Promovemmo	Proponemmo	Raccogliemmo
Prometteste	Promoveste	Proponeste	Raccoglieste
promisero	promossero	proposero	raccolsero

RENDERE	RAGGIUNGERE	REDIGERE	RICONOSCERE
Resi	Raggiunsi	Redassi	Riconobbi
Rendesti	Raggiungesti	Redigesti	Riconoscesti
Rese	Raggiunse	Redasse	Riconobbe
Rendemmo	Raggiungemmo	Redigemmo	Riconoscemmo
Rendeste	Raggiungeste	Redigeste	Riconosceste
resero	raggiunsero	redassero	riconobbero
RIDERE	**RIDURRE**	**RIFLETTERE**	**RIMANERE**
Risi	Ridussi	Riflessi (ettei)	Rimasi
Ridesti	Riducesti	Riflettesti	Rimanesti
Rise	Ridusse	Riflesse (ette)	Rimase
Ridemmo	Riducemmo	Riflettemmo	Rimanemmo
Rideste	Riduceste	Rifletteste	Rimaneste
risero	ridussero	Riflessero (ettero)	rimasero
RISOLVERE	**ROMPERE**	**SAPERE**	**SCEGLIERE**
Risolsi	Ruppi	Seppi	Scelsi
Risolvesti	Rompesti	Sapesti	Scegliesti
Risolse	Ruppe	Seppe	Scelse
Risolvemmo	Rompemmo	Sapemmo	Scegliemmo
Risolveste	Rompeste	Sapeste	Sceglieste
risolsero	ruppero	seppero	scelsero

SCENDERE	SCRIVERE	SCUOTERE	SORPRENDERE
Scesi	Scrissi	Scossi	Sorpresi
Scendesti	Scrivesti	Scuotesti	Sorprendesti
Scese	Scrisse	Scosse	Sorprese
Scendemmo	Scrivemmo	Scuotemmo	Sorprendemmo
Scendeste	Scriveste	Scuoteste	Sorprendeste
scesero	scrissero	scossero	sorpresero
SORRIDERE	SOSTENERE	SPARGERE	SPEGNERE
Sorrisi	Sostenni	Sparsi	Spensi
Sorridesti	Sostenesti	Spargesti	Spegnesti
Sorrise	Sostenne	Sparse	Spense
Sorridemmo	Sostenemmo	Spargemmo	Spegnemmo
Sorrideste	Sosteneste	Spargeste	Spegneste
sorrisero	sostennero	sparsero	spensero
SPINGERE	STARE	STENDERE	SUCCEDERE
Spinsi	Stetti	Stesi	
Spingesti	Stesti	Stendesti	
Spinse	Stette	Stese	Successe
Spingemmo	Stemmo	Stendemmo	
Spingeste	Steste	Stendeste	successero
spinsero	stettero	stesero	

SUPPORRE	SVENIRE	SVOLGERE	TACERE
Supposi	Svenni	Svolsi	Tacqui
Supponesti	Svenisti	Svolgesti	Tacesti
Suppose	Svenne	Svolse	Tacque
Supponemmo	Svenimmo	Svolgemmo	Tacemmo
Supponeste	Sveniste	Svolgeste	Taceste
supposero	svennero	svolsero	tacquero
TRARRE	**TRASCORRERE**	**TRANNENERE**	**UCCIDERE**
Trassi	Trascorsi	Trattenni	Uccisi
Traesti	Trascorresti	Trattenesti	Uccidesti
Trasse	Trascorse	Trattenne	Uccise
Traemmo	Trascorremmo	Trattenemmmo	Uccidemmmo
Traeste	Trascorreste	Tratteneste	Uccideste
trassero	trascorsero	trattennero	uccisero
VALERE	**VEDERE**	**VENIRE**	**VINCERE**
Valsi	Vidi	Venni	Vinsi
Valesti	Vedesti	Venisti	Vincesti
Valse	Vide	Venne	Vinse
Valemmo	Vedemmo	Venimmo	Vincemmo
Valeste	Vedeste	Veniste	Vinceste
valsero	videro	vennero	vinsero

VIVERE	VOLERE	VOLGERE	
Vissi	Volli	Volsi	
Vivesti	Volesti	Volgesti	
Visse	Volle	Volse	
Vivemmo	Volemmo	Volgemmo	
Viveste	Voleste	Volgeste	
vissero	vollero	volsero	

ERRORI TIPICI DELLA LINGUA PARLATA

Molti problemi linguistici che hanno i candidati che si affacciano alla certificazione B1 o B2 derivano, purtroppo, dal loro contatto quotidiano con gli italiani. Ci sono molte situazioni dove sono gli stessi italiani a portare avanti errori tipici che con la lingua italiana corretta hanno poco a che fare. A volte sono i dialetti a sporcare la lingua o a volte è la poca cultura. Sta di fatto che alcuni errori possono, in modo inconsapevole, essere imparati dagli stranieri che tenderanno a ripeterli anche in sede di certificazione.

- **Un errore tipico è utilizzare SE + condizionale semplice.**

E' una forma dialettale in molte province italiane e viene detta inconsapevolmente da chi ha bassa cultura. Il candidato deve ricordare che ogni volta che dice " se " non ci sono possibilità diverse da quelle che ho elencato nella pagina precedente.

Se **saprei** il francese ... X

Errore tipico di utilizzo di Se + condizionale semplice.

Se **sapessi** il francese ... V

- **Errore nell'utilizzo delle frasi ipotetiche.**

Un altro errore tipico, relativo alle frasi ipotetiche, meno grave ma altrettanto sgradevole in un test della lingua italiana, è formulare l'ipotesi di secondo o terzo tipo tramite imperfetto indicativo.

Se **ero** ricco ... X

Al posto dell'imperfetto, è sempre meglio utilizzare lo schema visto sopra.

Se **fossi** ricco ... Se **fossi stato** ricco V

- **Confondere i pronomi indiretti**

In molte regioni si confonde spesso il pronome diretto "GLI", inteso come "a lui" con il femminile "le", inteso come "a lei".

E' comune perciò sentire frasi chiaramente riferite a un soggetto femminile utilizzando il pronome maschile.

Domani vado da Maria e gli parlo ... X

Invece:

Domani vado da maria e le parlo. V

- **Qual è o Qual è?**

Un altro errore tipico è quello di scrivere Quale è, contratto "qual è" con l'apostrofo. Complici i social e le scritture in chat che vengono fatte spesso in modo veloce e superficiale. E' un errore da notare soprattutto negli esami di certificazione.

> Ti ricordi qual è la macchina di PaolO? ... **X**

Invece:

> Ti ricordi qual è la macchina di Paolo? **V**

- *Po' o pò?*

Errore simile a quanto detto prima è la scrittura della parola contratta po' (poco) con l'accento sulla lettera o al posto dell'apostrofo che ne indentifica il troncamento.

> Vai a comprare un pò di pane? ... **X**

Al posto dell'imperfetto, è sempre meglio utilizzare lo schema visto sopra.

Vai a comprare un po' di pane?   V

POSTFAZIONE

Ti ringrazio di essere arrivato a leggere fino a qui. L'idea di questo piccolo libro è nata nel cercare di dare una mano agli studenti dei corsi FDA con un manuale che raccogliesse in modo univoco tutte le regole importanti da ricordare. Nel formare i giovani insegnanti mi rendevo conto come, nonostante molti arrivassero da facoltà specifiche, vi fosse una grande carenza nella conoscenza della grammatica italiana vista da uno straniero. Per prepararsi ai nostri colloqui molti studiavano su 4, 5 o più manuali e lo stesso risultavano poco preparati. Ho cercato quindi di mettere su carta (virtuale) tutte le mie conoscenze e tutto il lavoro di studio fatto anni fa quando presi il lavoro di direzione dei centri FDA. Nessuno è perfetto e sicuramente questo libro sarà aggiornato nel tempo e può essere migliorato. Ti prego di notare che per scrivere, fare schemi e quant'altro serve molto tempo. Amazon ti dà la possibilità di restituire il testo qualora non fosse di tuo gradimento e io sono disponibile a darti chiarimenti se fosse necessario.

Un feedback negativo può distruggere il lavoro di tanti mesi. Ti sarò grato se vorrai recensire in modo positivo il mio impegno per gli stranieri in Italia e per i tanti studenti di lingua italiana nel mondo.

Ti ricordo che trovi tanto materiale video gratis sul mio canale Youtube Fabio Boero!

Per domande scrivimi a fabioboero@mail.com

Un abbraccio

Fabio

Made in United States
Orlando, FL
10 May 2025

61180408R00095